本书获国家社会科学基金青年项目资助（项目编号：22CGL033）

光明社科文库
GUANGMING DAILY PRESS:
A SOCIAL SCIENCE SERIES

·法律与社会书系·

合宜之治
群体行动治理中的政策工具选择逻辑

王英伟 ┃ 著

光明日报出版社

图书在版编目（CIP）数据

合宜之治：群体行动治理中的政策工具选择逻辑 /
王英伟著 . —— 北京：光明日报出版社，2024.10.
ISBN 978-7-5194-7737-0

Ⅰ. D63

中国国家版本馆 CIP 数据核字第 2024PC6050 号

合宜之治：群体行动治理中的政策工具选择逻辑
HEYIZHIZHI: QUNTI XINGDONG ZHILI ZHONG DE ZHENGCE GONGJU
XUANZE LUOJI

著　　者：王英伟

责任编辑：杨　茹　　　　　　　责任校对：杨　娜　温美静
封面设计：中联华文　　　　　　责任印制：曹　诤

出版发行：光明日报出版社
地　　址：北京市西城区永安路 106 号，100050
电　　话：010-63169890（咨询），010-63131930（邮购）
传　　真：010-63131930
网　　址：http://book.gmw.cn
E - mail：gmrbcbs@gmw.cn
法律顾问：北京市兰台律师事务所龚柳方律师

印　　刷：三河市华东印刷有限公司
装　　订：三河市华东印刷有限公司
本书如有破损、缺页、装订错误，请与本社联系调换，电话：010-63131930

开　　本：170mm×240mm
字　　数：199 千字　　　　　　印　　张：13.5
版　　次：2025 年 1 月第 1 版　　印　　次：2025 年 1 月第 1 次印刷
书　　号：ISBN 978-7-5194-7737-0

定　　价：85.00 元

前　言

在中国社会40多年的改革发展过程中，以权力、利益和制度调整为基础的社会变迁在创造巨大社会发展动能的同时，也衍生出了多样化的矛盾冲突。如何更好地化解群体性冲突问题、规避潜在的社会风险，成为当前公共政策领域亟须回应的重要议题。而对群体性事件的治理，必然要落实到政府政策工具的选择上。本书从政府政策工具选择视角出发，将研究的焦点置于"当代中国群体性事件治理中政府政策工具的选择逻辑是怎样的？"这个核心问题上。围绕该核心问题，重点回应以下几方面的具体问题：群体性事件治理中政府政策工具选择受到哪些因素的影响？各要素影响政府政策工具选择的内在逻辑是什么？各要素之间以何种组合状态共同作用于政府政策工具选择？

本书选取23个典型的群体性事件案例，运用扎根理论对影响群体性事件治理中政府政策工具选择的因素的分析模型进行构建，同时以理论分析框架中的核心变量为基础，运用模糊集定性比较分析法，分析影响政府政策工具选择的多变量间的组合关系，探讨群体行动中政府政策工具的选择逻辑。尽管定性比较分析法能够对影响政策工具选择的各要素间的组合关系进行清晰的理论展示，但仍具有一定的"黑箱"特征，无法对实际案例中各要素之间的联动机制进行呈现。因此，本书在对多案例进行定性比较分析的基础上，进一步引入案例叙事方法，对核心解释路径下的典型案例进行深描，从而在理论层面探讨政府政策工具选择逻辑的同时，在具体的案例中还原其逻辑实现过程。

本书的研究发现或理论贡献主要体现在以下两方面：

第一，建构了群体性事件治理中政府政策工具选择的影响因素分析框架，并对每个要素分别进行了创新性理论阐发。本书通过对多案例文本的三级概念提取，析出了政府内部控制与外部压力两个维度，以上级政府的态度、地方政府核心领导人的注意力配置、制度对社会活动的约束、政府部门之间的联动、民众组织化抗议程度、社会组织干预、社会媒体舆论施压以及市场层面其他利益集团的干扰，这八个要素为解释要件的政策工具选择影响因素模型。

在分析框架的建构和对单个要素的理论分析中，本书主要提出了以下观点：

（1）政府注意力配置是影响群体性事件治理中政府政策工具选择的内部要素。由于政府所需关注的各类公共事件的属性不同，处理的时间优先性也会有较大差别，存在显著的议题拥挤效应。因而，群体行动能否真正地吸纳政府的注意力并优先进入政府决策议程，很大程度上能够反映其影响力的大小。政府所施用的政策工具与群体行动本身的作用强度、政府注意力的反馈强度相互关联。随着群体行动影响力强度的变化，政府注意力往往呈现注意力持续、转移、波动、加持状态。而与之相应，政府所选用的政策工具易于呈现平衡、断续、碎片、迭代四种状态。尽管在某一特定的群体性事件治理中，政府政策工具选择可能仅呈现政府注意力配置状态中的一种或多种，但对政府最终选用的政策工具却能够产生深刻的影响。

（2）上级政府态度与地方政府核心领导人的注意力配置状况，是政府注意力要素中两个最关键的变量。地方政府在对社会问题的治理中，得到上级政府的授意和政策扶持，是强化其治理能力、提升抗压能力的重要支持性力量。特别是在影响较大的群体性事件中，更是有赖于与上级政府的合作。与此同时，上级政府也具有将自身政策目标向下嵌入和动员的内在需求。因此，在影响重大的群体性事件中，上级政府的注意力配置成为影响地方政府政策工具选择的重要因素。此外，地方政府核心领导人由于其处于地方权力的中心地位，相对于决策团队的其他成员而言，往往拥有更高的权力支配力和更强的掌控能力。其所高度关注的问题能够更快地被纳入政府的议事日程，因而，地方政府核心领导人的注意力配置状况同样是影响政府政策工具选择的重要内部要素。

（3）对社会活动的制度控制是政府应对群体性事件的重要内部力量。制度对社会活动的约束能够对群体行动模式的选择、行动产生的负向影响力形成制约。然而，尽管制度规范有一定的前置性和稳定性，但由于制度边界具有相当的模糊性，又赋予了其较大的张力。制度空间边界的模糊性，以及政府对民众群体性活动有限度的包容，使民众能够利用制度空间的弹性或模糊性，维护自身权益、拓展群体行动的合理化空间。另外，制度空间的存在不仅有利于为民众自下而上的抗争行为提供有限度的包容，同时也为政府对制度进行自上而下的修正，提供了灵活应对和渐进性调整的空间，这一弹性空间既是维持制度稳定性与权威性的重要手段，又是使政策工具选择具有一定灵活性的关键。

（4）政府部门之间的联动是地方政府在进行社会控制过程中所能够依赖的关键性内部力量。当前群体性事件所涉及的各类行动者的价值取向日益复杂化、多样化，由群体性事件所产生的影响已经超越了特定的政府部门和特定的政府监管范围，而具备了较为显著的衍生性和辐射性等特征。这事实上也意味着，仅依托单一的政府部门很难具备解决群体性事件的所有权力和必要资源。鉴于对群体性事件治理中显著的跨部门特性以及单一政府部门可用资源的有限性，政府在社会治理过程中能否对水平方向上各部门资源进行有效的整合即变得极为关键。在群体性事件治理中，各政府部门实现高效联动以及联动的力度和分工合作的能力，一定程度上决定了政府在群体性事件治理中的响应能力、对事件的处理能力以及各类针对性决策方案的落实能力。而各部门在长期合作中达成的利益均衡，则为群体性事件治理中部门合作的展开提供了内在的动力支持。因此，政府各部门之间的联动成为影响政府在政策工具选择中能否占据主动的关键性要素。

（5）民众的抗议程度是政府政策工具选择所面临的重要外部压力。民众临时性行动组织是群体行动的主要依托。其抗议程度直接关系到政府政策工具选择中所面临的外部压力。而临时聚集型组织的凝聚力和对政府施压能力的大小，不仅在于行动参与者是否具有共同利益、相似的生存处境、行动共识和强有力的行为动员能力，同时也受到群体行动中隐形约束力的制约。在某类言论被合理化的过程中，所形成的群体意见的一致性往往会转化为群体压力，在这一过程中能够生成一种带有一定规范性、共遵性特征的约束力，从而构成了维系临时组织纪律性、防止抗争活动被中断的一种隐形约束机制，或称之为软制度。在一个共同体中，软制度的维系还依赖于某种惩罚机制，由此，促成临时聚集型组织得以维持，施压能力得以发挥。

（6）社会媒体对政府政策工具选择的施压能力根植于媒体话语本身所具备的两类叙事逻辑，即情感选择逻辑与理性选择逻辑，通过对这两类叙事逻辑的应用，同时基于媒体在群体行动话题上的"流量"价值，而倾向于为群体行动提供媒介资源并充当传播工具，从而强化其对政府的施压能力。另外，社会媒体是信息传递的工具，而信息不仅是关于某事或某人的描述，同时也是权力塑造的重要工具。群体行动中的知情人选择隐瞒信息还是传播信息，选择部分公开还是完全公开，以及公开的渠道是否畅通、接受者是否对信息进行了及时的捕捉等，均是媒介信息可能被作为工具利用的手段。而群体行动的参与者对信息的需求也并不止于了解事件本身，而是源于占有或选择性传递信息能够保有和获取权力。信息的非对称性恰恰会维护或强化这种权力等级关系并巩固权力封闭性，从而使群体行动朝着动员者或信息的掌握者方向演变。然而，尽管媒体信息本身具有被操纵的可能性，然而一旦被群体行动中的普通参与者所感知，即便参与者明确了解其所感知到的信息并非真实，也同样有可能"认同"这种被操纵，进而助推群体行动规模的扩大化，同时强化对政府在政策工具选择时的施压能力。

（7）社会组织干预同样是影响政府政策工具选择的外部要素之一。社会组织干预是指社会组织站在群体行动者的角度为其提供支持，并对政府施加压力的行为。社会组织能否对政府政策工具的选择产生实质性压力，事实上存在一定的争议，在不同的案例选择中所得到的结论可能截然不同。由于社会组织自身在资源补给、人事安排等方面很大程度上受制于政府管理方式的约束，因而，社会组织对政府的监督功能被大大压缩。而在另一层面，尽管社会组织在部分群体行动中不具备激进干预政府决策行为的特质，但也在部分群体性事件中确由象征性的参与转向了实质性的倡议和动员。

（8）市场层面的相关企业等利益集团的干扰是影响政府政策工具选择的重要外部影响要素。一方面，市场中相关企业会通过游说等手段试图干预政府政策工具选择，促使政府在政策工具的选择过程中向其利益进行倾斜；另一方面，政府在政策工具的选择中往往会基于地区经济发展等因素的考虑，主动维护企业等市场主体的利益——这在事实层面间接地反映了相关企业对政府政策工具选择行为的影响。但相关企业的干预这一变量能否在具体的群体性事件中发挥作用，以及向政府施压的强度如何，并不具有普遍性的规律，而需要在特定的案例下进行分析。

第二，提炼出群体性事件治理中政府政策工具选择的各要素组合作用的逻辑。主要有双向动力平衡机制、内部应援联动机制和外部压力中和机制三种条件组态：

条件组态1表明，在群体性事件治理中如果由民众抗议和社会媒体施以强大的外部压力，政府部门会依托部门联动、政府部门核心领导人注意力优先配置这两方面的要素，来消解群体性事件中的矛盾冲突。在民众抗争与媒体舆论深度结合的群体性事件中，民众能够借由媒介声援生成的影响力和号召力，形成对政府决策部门强硬性的意见输入。由此，群体性事件所对应的社会问题被优先纳入地方政府核心领导人的注意力范畴。在"领导人重视下的'绿色通道式'办结"这一与我国社会治理特质相吻合的治理机制得以发挥。在地方核心领导的统筹协调下，综合考虑地方政府各部门联合行动所能产生的社会控制力，施以相应的政策工具。由于该条件组态中政府治理群体性事件的政策工具选择，是在政府部门核心领导人的关注与政府部门联动要素构成的内部控制力，与相应的民众抗议与媒体施压形成的外部压力，两种力量平衡中做出，因而将其称为"双向动力平衡机制"。结合该条件组态所对应的案例能够发现，地方政府即使在拥有足够的内部控制能力以应对外部压力的情况下，也并不意味着其必然会选择强制型政策工具，为了缓和矛盾，其更加倾向于选择渐进型政策工具，从抗议民众所关心的实际问题出发，以修正政策方案、协调利益冲突的方式来解决矛盾冲突。

条件组态2，是以上级政府态度、政府部门间联动为核心影响要素，以制度对社会活动的约束、社会媒体舆论施压为辅助条件构成的解释路径。在这一条件组态中，上级政府对地方政府的指示或命令、地方政府部门间的联动构成了影响政府政策工具选择的核心变量，甚至能够在上级权威应援与部门联动作用下，直接决定选用何种政策工具，因而，我们将该解释路径称为"内部应援联动机制"。上级政府对某一群体性事件的态度或与之相关问题的论述，能够对群体性事件治理中地方政府政策工具的选择产生较大影响。上级政府态度加上地方政府部门间的联动能够产生极大的政府社会控制力量，形成一种自上而下解决社会矛盾问题的动能。社会媒体舆论施压这一变量在这一组态中辅助作用的发挥，也间接反映出，媒体舆论具备跨越政府层级边界、直接吸纳上级政府注意力的特殊功能。另外，该条件组态也反映了制度对社会活动的约束变量在强化政府内部控制力层面的作用。制度在一定时期内的稳定性与规范性，能够对群体行动产生重要约束，在群体性抗争活动与既有的制度规范相背离的情况下，制度能够赋予地方政府以强大的社会控制力，继而提升其在政策工具选择中的主动性。然而，在既有制度被修正或发生变革的情况下，则会导致制度约束力的变化，甚至约束方向的转换。

条件组态3，是以民众抗议程度为核心要件，以媒体舆论施压与相关企业干预为辅助条件构成的解释路径。其中，三个条件变量均属于外部压力范畴，政府在该路径下的解释案例中扮演着居中调停、优化市场环境、规范市场秩序的角色，而不是以行动者的博弈方角色出现，同时未在这一路径对应的案例中呈现出较大的社会控制力。因此，将其称为"外部压力中和机制"。该组态的解释逻辑在于，群体行动中的行动主体，通过获得社会媒体供给的话语空间，实现更大范围的参与者动员并引发网民热议，促成民众抗议与社会媒体舆论的深度结合，形成一种不同外部力量间的强烈共振，政府在政策工具选择中面临极大的外部约束。结合该条件组态所对应的案例能够发现，此类案例中的群体行动具有显著的分散性、模糊性和覆盖范围广泛性的特征，地方政府难以对分散且模糊的对象，甚至不属于自己辖区内的群体行动进行有效管制，强制型政策工具难以施为。另外，由于民众抗争的直接对象往往是市场中的某类现象，而非政府本身。只有在政府处理不当或不及时的情况下，才会出现将抗争矛头指向地方政府治理能力与治理效率的状况，因而，地方政府对群体行动进行严格管制的内在动力不足。综合来看，在外压较强、群体分散、行动焦点并非直接指向政府的群体性事件中，地方政府更加倾向于选用退让型政策工具，以集中处理焦点问题、积极进行政府回应的方式，来缓和社会矛盾。

目　录
CONTENTS

第一章

绪 论

第一节 选题说明

一、选题背景

2019年7月30日，中共中央政治局会议强调"坚持宏观政策要稳、微观政策要活、社会政策要托底"的总体思路。其意在指明，在不同的政策议题下，应采取差别化的应对办法，选用有针对性的政策工具，这是保障公共政策稳健性、保障性，又不失灵活性的重要战略思路。国务院原总理李克强在关于地方政府如何提升社会治理水平的讲话中也指出，"要适时适度地用好政策工具"。① 其中，"适时适度"与"用好政策工具"两个核心概念的要义，即在于突出强调如何在恰当的时间、以合适的力度和方法进行政策工具的选择与配置问题。当前我国行政管理水平与社会治理能力仍相对较低，究其原因，不仅在于具有现代性、创新性与本土特质的公共管理技术与政策工具相对缺乏，且由于政府在政策工具选择中面临的诸多困境，也同样制约着政府治理水平的提升。在当前的社会治理框架下，政府在政策工具的选择中发挥着主导作用，同时又受到多种要素的约束，而地方政府在社会治理过程中，选用

---

① 李克强. 合理适当运用政策工具适时适度预调微调［EB/OL］.（2014-05-24）［2021-02-21］. https：//www.gov.cn/ zhengce/ 201405/24/ content 2686476.htm.

何种政策工具，用哪一套标准来对社会问题进行治理，对地方政府能否达成既定目标具有关键性影响。

相对于常态下的社会治理问题，群体性事件是对地方政府治理能力与治理水平更具考验性的议题。自改革开放以来，中国社会在权力、利益和制度等层面经历了深刻的调整。与此同时，普通民众所承受的实际压力也在不断增加，其行为异动更为频繁、政策诉求更为多样，且伴随着城市化建设的大规模展开，人口流动速度的不断加快，由此衍生出来的公共问题、社会矛盾也愈加多样化且复杂化。社会脆弱性观点认为，就不同社会成员而言，某一公共政策的出台或重大事件发生时，其敏感性和承受力不同，某些社会成员或群体更容易遭到冲击和损失。就普通民众而言，其对资源的控制能力、对不利政策的抵御能力、单个社会成员的行动能力、社会经济地位以及在可获得的社会支持上呈现显著的劣势，而借助群体形成的组织化行动力量成为其共同抵御政策风险的手段之一，而在当前我国群体行动资源、行动方式与群体行动能力逐渐得到强化的背景下，必然对地方政府社会治理能力与政策工具的选择能力提出更高的要求。因此，强化对群体性事件治理中政府政策工具的选择研究，成为当前公共政策领域亟须回应的重要问题。

群体性事件治理中政府政策工具的选择主要涉及两方面的内容，即在群体性事件治理这一特定情境下，需讨论的是影响工具选择的因素和如何在这些约束条件下进行工具选择的问题。当前学界在政府政策工具领域的研究焦点已经从政策工具本身的特性与适用性，转移到政府政策工具的具体选择过程中，特别关注到哪些主体参与政府政策工具的选用过程，以及这些主体对政府政策工具选择的影响及其程度。此外，还涉及各类影响政府政策工具选择的要素如何进行优化组合等问题。在群体性事件治理中政府政策工具的选择，需要同时兼顾多个要素，并进行综合评估。特别是在相对复杂且多变的群体性行动实践中，影响政府政策工具选择的要素具有一定的差异性。即使是已被政府纳入考虑范畴的要素之间也有主次、轻重之分。因此，对群体性事件治理中的政府政策工具选择的研究，一方面要对影响政府政策工具选择的关键性要素进行抽丝剥茧的分析，另一方面需要对不同影响要素间的组合关系进行深入讨论。

二、研究问题

本书旨在回答一个核心问题：当代中国群体性事件治理中政府政策工具的选择逻辑为何？围绕该核心问题，需要回答三方面的具体问题：（1）群体性事件治理中政府政策工具选择受到哪些因素的影响？（2）各要素影响政府政策工具选择的内在逻辑是什么？（3）各影响因素之间以何种组合状态共同作用于政府政策工具的选择？

三、研究意义

本书的理论与实践意义主要体现在以下几方面。

第一，从实然层面揭示地方政府政策工具选择中所遵从的内在逻辑。尽管学界在群体性事件与政府政策工具两个方向上的研究均较为丰富，但从政府政策工具选择的角度研究群体性事件治理中政府治理逻辑的文献却并不多见，而且相关的论述也往往依赖于单个案例的理论推演，尽管此类研究所选择的案例具有一定代表性，但在反映群体性事件治理中政府政策工具选择逻辑这一内在规律性议题中，具有相当的局限性。因而，在公共政策领域，特别是在群体性事件这一特定情境下，政府政策工具选择的影响因素、作用机理、组合关系等问题，仍具有相当大的探索空间。

第二，强化对群体性事件中"政府—社会"间的互动模式研究。该议题有助于认识政府政策工具选择与民众群体抗争二者间的关联机制，理解政府政策工具选择是如何受到政府内在社会控制力与社会群体形塑的。此外，由于群体性事件治理中政府政策工具的选择，并非政府仅基于自身意图选用某类工具以应对群体性事件的问题，而是需要在综合考虑政府社会控制力、其他行动主体所施加的压力基础上，评估某类政策工具可能产生的影响，包括因使用某类政策工具政府部门领导人所需承担的政治风险与施政责任，以及可能产生的社会影响等。这一政策工具的抉择过程，涉及政社关系层面的问题，因而，以政府政策工具选择的影响因素和不同要素之间的内在关系为契机，能够为深入认识政府与社会二者在群体行动中的互动关系提供较好的切口。

第三，为理解政府政策工具选择中政策客体的行为逻辑提供必要的理论依据，提升政府政策工具选择的有效性和针对性。在政府制定与某一社会群体密切相关的政策过程中，准确认识政策受众的行为特征、行动方式，并有针对性地选用政策工具，是保障政府决策有效性的前提和基础。因而，在对政府政策工具选择的影响因素研究中，涉及政策客体向政府施压等研究。通过对政府政策工具选择中目标群体向政府施压方式与施压能力的研究，能够直接获取具有某些共同特征的民众真实、具体的感受与价值判断，能够为政府在政策工具选择中，充分理解目标群体的政策诉求和行为模式提供理论依据，同时为提升政策工具选择能力和政府治理能力提供必要的理论支持。

第四，提升中国政府决策逻辑研究的科学化、理论化水平。既有研究中与政府政策工具选择和群体性事件等议题相关的理论，往往是在西方研究情境下展开的，存在着和中国既有的决策思维、行政逻辑不符的情况，并不能直接用来解释中国群体行动中政府政策工具的选择问题。而且实践也证明，简单依据西方群体行动理论或政策工具选择理论来分析中国地方政府在公共事务中的决策逻辑，很难契合中国政府的社会治理实践并取得理想的效果，甚至可能因西方理论与中国地方政府治理实践的不当嫁接，而产生背离中国具体国情和行政逻辑的负面作用。因此，推进群体性事件治理中政府政策工具选择逻辑的研究，对探索符合中国社会治理现实情境，及对群体性事件治理中政府进行政策工具选择内在逻辑具有深刻解释力的理论模型很有助益。

第五，对理解当前群体行动中政府政策工具选择所呈现的新变化与新特征具有积极意义。改革开放以来，伴随着中国城市化的大规模发展与市场经济的深入推进，社会环境发生了深刻变化，其在为民众提供诸多发展机遇的同时，也带来巨大的竞争压力。普通民众往往背负着来自上层牵引与底层下拉的双重压力，而在中国社会利益分化与重新整合过程中形成的社会压力，极易诱发一系列新的矛盾和问题。特别是在新旧业态相互碰撞愈加激烈的当下，新旧矛盾交织，更容易引发民众间、政社间的矛盾冲突。因此，强化对当前群体性事件治理中政策工具选择所呈现的新变化的理解和认识，对理解当前政府政策工具选择的内在思路具有积极助益，同时对维系社会稳定、缓解社会矛盾、激发社会活力具有重要价值。

第二节 群体行动的生成机制与行动策略

一、群体行动的生成机制

心理学研究视角认为，群体行动遵从心智趋同法则，群体行动即在集体心智支配下滋生的非理性行为。如勒庞（Gustave Le Bon）指出，集体行动缘起于社会变迁所引发的社会心理层面的不安全感。[①] 在布鲁默（Herbert Blumer）看来，群体行动心理模式生发于个体对某一事件的不满而产生的个体烦躁，经过循环反应，连锁扩散，最终演变为社会性的骚乱。他将民众集体行动的产生与发展，归咎于一个相对完整的恶劣情绪感染与情感扩散链条。这一链条主要含集体磨合、集体兴奋和社会干扰三个步骤。在第一阶段关于某一公共事件的流言逐渐增多，第二阶段则伴随着谣言的持续扩散，个体之间相互进行信息的传递，继而产生了对某一公共事件共同的心理感受。[②] 当不同个体类似的心理感受在人群中不断地得到强化，并突破社会心理容忍范畴，即会诱发现实的政策行动。格尔（Ted Robert Gurr）从社会结构与社会心理层面出发，提出了基于"挫折—反抗"逻辑的相对剥夺感概念，认为在社会变

---

① GUSTAVE L. B. The Crowd: A Study of the Popular Mind [M]. Translated by T. T. Elworthy. New York: Macmillan, 1896: 24.

② BLUMER H. Symbolic Interactionism: Perspective and Method [M]. Berkeley: University of California Press, 1969: 68.

迁过程中，当个体获取的收益低于个体的期望值时，个体即会出现相对剥夺感。个体期望值与其实际获得的满足感间的差异越大，越能产生较大的抗争动力。①

与公共事件直接相关的参与者的情感演化行为较容易理解，而与某一公共问题并不存在直接利益相关的个体同样有可能受到感染，并成为群体行动中的积极参与者，这一现象也受到部分研究者的关注。如朱志玲从社会结构、个体情绪的角度，考察了无直接利益冲突的宏观条件的形成机制。②此类与事件本身并不存在利益相关的个体，出于对自身过往类似不公经历的回忆，同样可能产生情绪宣泄的需求，进而与存在直接利益关系的行动者一道发声、共同行动。这一心理层面的因素构成群体行动规模得以扩大化的又一关键诱因。谢金林认为，情感在政治抗争与政策行动中，能够超越其他干扰要素而发挥决定性作用。社会成员在受到某一焦点事件的激发或刺激下，呈现出趋同或差异化的话语表达，通过不断的交互传播，推动了公共话语的建构。③在他看来，民众在某一事件中所反映的情感事实上根植于思想文化，而思想文化又深刻地影响着政府与民众的互动模式，并直接促成民众抗争动员框架的形成。民众个体层面的行为与内化于民众心理层面的社会文化互动关系，是理解中国群体行动生成原因的重要线索。

社会结构与组织网络视角下的群体行动生成机制研究。该研究视角认为，在社会结构变迁和社会环境变化中，所演化出来的各类社会关系以及与之相伴生的各类矛盾冲突，是群体性事件产生的重要基础。如 Polletta 认为，民众进行政策行动的社会网络、动员形态、组织形式以及组织之间的相互关系等，构成了社会行动的关键。④赵鼎新指出，"社会的变迁、国家和社会的结构及

---

① GURR T. R. Why Men Rebel [M]. NJ: Princeton University Press, 1970: 24.

② 朱志玲. 结构、怨恨和话语：无直接利益冲突的宏观条件形成机制研究：基于斯梅尔塞加值理论的思考 [J]. 中南大学学报（社会科学版），2013, 19（3）：91–97.

③ 谢金林. 情感与网络抗争动员：基于湖北"石首事件"的个案分析 [J]. 公共管理学报，2012, 9（1）：80–93.

④ POLLETTA F. It Was Like a Fever: Storytelling in Protest and Politics [M]. Chicago: University of Chicago Press, 2006: 89.

结构性行为、行动者话语"是影响群体行动的核心变量。[①] 其中，国家"结构"即国家结构与国家机构的组织方式，以及社会结构和社会行动者的结构性行为；而"话语"主要涵盖了参与者的认同、诉求表达策略、行动口号以及行动过程中的突生规范和塑造运动话语的内在文化等。古尔德（Roger V. Gould）研究发现，群体行动的成员基础可能依赖于邻里关系结成的相互认同。[②] 他在对巴黎群众运动的研究中指出，居住环境对民众的集体行动能够产生特殊作用，居住环境与居住空间发挥了构建组织和社会网络的基础和中介作用。[③] 因此，在他看来，民众的集体性行动能否成行，一定程度上依赖于以相邻地理环境为基础的组织与社会网络。

而宏观层面社会结构的变化，同样是促使群体性事件频发的重要原因。周晓虹在讨论美国近代转型时期的移民心态时指出，"民众用自己的勤奋和决心告别过去的生活，同时期望凭借自己的冒险精神和进取态度来取得成功"[④]。而与这一进取精神相伴随的则是不断滋生的焦虑与矛盾心态，两种心态的结合，恰恰成为当时美国社会矛盾冲突频发的重要心理诱因。民众积极进取、焦虑和矛盾等复杂心理状态交织的状况，也并非美国转型时期的特有现象。当前中国民众的心态同样具有时代特质，即民众将提升自身的能力奉为信条，将实现经济自由、个人价值视为理想状态，这也逐渐成为普通群体进取性的标志，但这种民众进取心态的登场与独立意识的强化，并未造成群体性的退场，反而塑造了一种强烈的群体意识与群体信仰。社会成员在社会分层与社会流动所带来的深刻社会变化影响下，需要在新的社会环境或社会结构中，对自身的生存发展状况进行新的审视，在心理层面进行重新建设与定位。

---

① 赵鼎新. 西方社会运动与革命理论发展之述评：站在中国的角度思考 [J]. 社会学研究, 2005 (1): 168–209.

② GOULD R V. Multiple Networks and Mobilization in the Paris Commune [J]. American Sociology Review, 1991 (56): 716–729.

③ GOULD R V. Multiple Networks and Mobilization in the Paris Commune [J]. American Sociology Review, 1991 (56): 716–729.

④ 周晓虹. 转型时代的社会心态与中国体验：兼与《社会心态：转型社会的社会心理研究》一文商榷 [J]. 社会学研究, 2014, 29 (4): 1–23.

　　大量脱离社会底层向中间地带流动群体规模的扩张以及各类利益关系协调难度的增加，对频发的群体性事件起到了推波助澜的作用。事实上，当前大量民众处于社会下层与中产阶层的过渡地带，生存处境仍然相当脆弱。一方面表现在民众受社会上层牵引带来的比较压力；另一方面则体现为受底层下拉带来的社会地位的回退压力。在当代中国社会结构由计划经济体制下的身份制，向市场经济体制下的竞争性社会关系转变过程中，普通民众既受惠于社会经济结构转型发展所带来的福利，同时也面临房价快速上涨，教育、医疗、养老等方面的生存与发展压力。因而，社会成员不得不在激烈的市场竞争环境中，适应社会环境的变化、拓展职业发展空间。由此，造就了一种追求经济条件与物质满足的迫切心理，而与之相伴生的则是强烈的不安全感与焦虑心态。特别是对城市外来务工者而言，由于其生存处境、资产储备状况、受教育状况、就业机会等与原生环境有着巨大差异，同时，又由于其在生存空间、生活理念、从业类型、参照对象上又远区别于社会底层，因而，在社会态度和社会情感上，容易陷入矛盾冲突状态。如阿诺德·盖伦（Arnold Gehlen）所言，"个体心理受到社会行为的影响，而社会行为又被各种义务所规定和控制，并相应地选择出一套套的动机和情绪，从而使之成为义务"[①]。个体心理在社会行为影响下，极易增加心理压力。特别是在社会成员融入参照群体却受到较大阻碍时，在心理与行为层面，往往呈现焦灼与奋进共振的状态。[②] 社会矛盾更容易在这一心态的间接刺激下爆发。

　　社会结构的分化同样能够引发社会成员群体意识的变化与新社会组织网络的建构。我国经历了较长时期的工业化建设，工业化的集合劳动形式为工人群体团结行动、建构新的组织网络，提供了基本的条件。在这一过程中，也进一步推动了群体权利意识与集体抱团意识的增强。个体利益意识、共同利益意识与共同情感意识，构成了群体抱团抗争产生的底层逻辑。在个体利

---

① 盖伦 . 技术时代的人类心灵：工业社会的社会心理问题［M］. 何兆武，何冰，译 . 上海：上海科技教育出版社，2000：72.

② 成磊，等 . 奋进与焦灼：中产过渡层的向上流动信念及主观社会阶层的影响［J］. 中国社会心理学评论，2019（1）：173–189.

益意识与共同利益意识驱使下，这种抱团倾向会在关乎切身利益的事件中，以团结抗争的形象呈现出来。因而，以工人为主体的共同抗争行为，往往表现为一种实用主义的团结。[①]此外，同情与共鸣，也是社会群体行动事件中组织网络得以构建的重要原因。基于同情、共情所产生的抱团抗争行为是群体命运共同体的具体表征。在共同情感驱使下，群体行动同样会呈现出一种非实用主义的团结。休谟（David Hume）指出，"自我的观念或印象永远是存在于当下且生动的。凡是与我们有关的各种对象均能够以同样活跃的概想来被设想"[②]。休谟的思想深刻地反映了人对其他个体生存处境的一种感同身受的能力。特别是对与自身社会地位相似的个体，更易于产生共情心理。

政社关系视角下的群体行动生成机制研究认为，尽管威权国家能够凭借社会控制力，限制国家之外社会组织的活动和人际网络的形成，而将持异见的正式组织活动控制在较小空间中，但并不具备打破同一居住空间和活动空间中人与人交往的条件。以人际交往为基础的非正式个体互动，同样可能引发群体性行动。斯梅尔塞（Neil J. Smelser）在对突发性群体事件的生成原因进行分析时指出，引发民众群体行动的关键要素主要包括：有利于行动产生的结构性诱因，由社会结构衍生出来的怨恨、剥夺感或压迫感，概化信念的产生，触发民众行动的公共事件，行之有效的动员活动以及政府社会控制力的下降这六方面。[③]

政府在相关政策上的改革同样与社会成员的群体行动具有一定的内在关联。如彭小兵与涂君如从中国式财政制度视角，对环境污染群体性事件进行了解析。他们的研究结果阐明了财政分权政策的变动对地方政府的影响，以此探索了相关环境群体事件所产生的经济根源。[④]此外，也有较少的学者从地域、空间以及生态环境等角度出发，对群体行动的生成机制进行了探讨，如

---

① 汪建华.实用主义团结：基于珠三角新工人集体行动案例的分析［J］.社会学研究,2013,28（1）：206-227.

② HUME D. Essays：Moral，Political and Literary［M］. Indianapolis：Liberty Fund Inc，1992：271.

③ 赵鼎新.社会与政治运动讲义［M］.北京：社会科学文献出版社，2012：64.

④ 彭小兵，涂君如.中国式财政分权与环境污染：环境群体性事件的经济根源［J］.重庆大学学报（社会科学版），2016，22（6）：51-61.

苏威尔（Ann Snidler）对地域空间要素在学生群体行动中的影响力研究[1]，梯利（Charles Tilly）从情境空间、泛空间与地域等方面出发进行的研究[2]等。

二、群体性事件中多元主体的行动策略

既有研究中，从政治学、社会学视角出发，分析群体性事件中多主体行动策略的较为多见。研究者往往将群体性事件与弱势群体的抗争行为相关联，群体抗争的工具也被称为弱者的武器。就当前国家与社会关系而言，此类概念的提出拥有其事实基础，群体行动集中表现为一种自下而上的权益争取或利益获取，而权益争取过程或利益博弈环节中的策略应用问题正是学界研究的焦点议题。董海军认为，群体性事件就其行动主体而言，不同行动主体在群体行动中往往会呈现差异化的行动策略。异质性群体并非就其自身所拥有的资源进行抗议，而是存在一种类似于策略互借的关系。[3]例如，在同一群体性事件中农民与知识精英两类行动主体所拥有的抗议资源和能够运用的行动策略有所不同，而为将群体行动效用最大化，两者之间通常通过一种策略互借或框架互借的形式开展行动，农民往往会借用知识精英的话语和行动策略来完善自己的行动框架，知识精英为提高自身的行动能力也会利用农民的叙事特征来构筑精英型框架等。究其根源，一方面，尽管中产在可用资源上优于农民群体，但在权威国家中，多种类型的话语与符号往往共同存在于一个公共空间中，何种话语处于主导地位取决于哪类话语能够得到广大受众的认同。因而，尽管中产依托其在社会结构中的优势地位，具有实现其政策诉求的便易性，但仍然需要通过社会媒体、借助农民在政策行动中所运用的道义资源，来合理化自身诉求。

有学者研究指出民众为影响政府决策，可选用的方式具有多样化的特征。谢颖和林芬对异质群体行动方式的差异性进行了研究，发现中产相比农民群

---

① SWIDLER A. Culture in Action：Symbols and Strategies［J］. American Sociological Review，2001，51（2）：273-286.

② TILLY C. Stories，Identities and Political Change［M］. MD：Rowman & Littlefield，2002.

③ 董海军. "作为武器的弱者身份"：农民维权抗争的底层政治［J］. 社会，2008（4）：34-58.

体，可用的行动武器更加多样化，而且具有去政治化的表演性与创新性，能够通过自身的知识结构，塑造多元的话语结构、维持社会媒体的关注；而农民群体则囿于知识及渠道资源的有限性，难以达到与中产相似的政策行动效果。①特别是由于中产中的部分个体本身也可能是国家机构中的成员，而在参与政策行动中有意识地依赖去政治化的诉求表达，将诉求的焦点集中于问题本身，将行动的力度与范围控制在国家管制结构的框架下，从而避免越过政治红线，因而往往能够产生更好的行动成效。李强对中产群体行动的研究发现，中产群体在社会上是温和且相对保守的意识形态者，而当这一意识形态在社会中占据主导地位时，产生冲突性观念以及极端思想的可能性较低，因而中产不易引发大规模的群体行动，反而多以参加听证会、协商会等柔性方式影响政府决策。②李春玲对此类群体的政治态度进行测度并发现，中国的群体行动中存在着多种类型的价值取向，既包括自由主义成分，又有保守主义特质。中产因对生活现状的满意度较高，而倾向于支持政府，且由于对政治民主与社会公正抱有更高的期待，因而具有相对稳定的特征，并不易参与到大规模的抗议事件中。但她也表示，随着具有激进思想的年轻一代中产边缘群体的加入，以及中产上边缘层与下边缘层二者之间经济地位差距的拉大，同样会引发潜在的矛盾，触发群体行动，反之，若中产边缘层能够在国家发展过程中经济地位、社会地位得到持续改善，则有利于缓和社会矛盾，减少政府决策的外部压力。③

王奎明与韩志明对群体行动中的心理动向与行为选择进行了分析，当前不同群体间的"断裂"已然存在，不同群体的行动理念与行动策略呈现出较为显著的独立性。他们的研究表明，中产阶层在政策行动中反映了典型的"别闹大"思想，研究突出阐述了该群体相对谨慎的行动心理，其在行动准备过

---

① 谢颖，林芬.抗争性政治中的群体差异与资源借用：中产抗争与农民抗争的个案比较［J］.社会学评论，2016，4（1）：34–48.

② 李强，王昊.我国中产阶层的规模、结构问题与发展对策［J］.社会，2017，37（3）：163–179.

③ 李春玲.寻求变革还是安于现状？中产阶级社会政治态度测量［J］.社会，2011，31（2）：125–152.

程中组织化程度较高，而非碎片化；在组织活动中往往拥有合法的组织者，而非随机选择的偶然引领者；在表达诉求的同时保持事态的适度可控，而非混乱无序，同时更倾向于遵从法律导向，而非权力指向。①

也有研究者认为，在当前社会结构变革过程中，处于中产边缘的群体大规模增加，促使群体行动的策略更加多样化、复杂化。葛天任在对当代中国中产过渡层群体行为特征与行动方式的研究中，指出中产过渡层群体相对于处于社会底层的群体而言，在教育、维权意识、维权能力方面已经有了较大提升，其对公共政策、政府决策呈现出较强的判断力、理解力和参与能力。②中产过渡层与中产在行动上的谨慎保守不同，同时也有别于社会下层在行动上的激进，而呈现出较为矛盾的特征。一方面，中产的保守心理源于对生存处境的相对满意和对自身地位的认同，中产过渡层的保守心态则主要受理性计算、"市侩主义"投机心理的影响，社会下层因具有更强的权威观念，在涉及自身的切身利益上，倾向于依托激进的群体行动来反映其诉求。相对而言，中产过渡层不仅对涉及自身利益的事件感兴趣，而且对涉及更为宏观性、整体性的社会议题具有参与积极性。当中产过渡层群体感知到政府的某些决策威胁其共同的生存空间时，社会结构系统内部的张力即会累积，甚至爆发，如通过越级上访、集体上访、组织上街游行、宗族会议以及利用其他社会关系网络、公共舆论说服和诱导，将问题社会化、扩大化、严重化等行动策略来实现自身的目标。

汪建华对当代的新工人群体行动进行了研究，他认为，新工人群体在集体行动中尽管具有非正式、临时性组织的特征，但其所面临的低人力成本与消费主义之间的矛盾、职业教育的发展、互联网信息传播技术发展等现实变化，为其集体行动提供了新的动力。③因而，在新技术广泛普及及其认知能力

---

① 王奎明，韩志明."别闹大"：中产阶层的策略选择：基于"养老院事件"的抗争逻辑分析 [J]. 公共管理学报，2020，17（2）：84-94.
② 葛天任.中产过渡阶层的矛盾心态及其原因刍议 [J]. 江苏社会科学，2017（2）：20-26.
③ 汪建华.新工人的生活与抗争政治：基于珠三角集体抗争案例的分析 [J]. 清华社会学评论，2013（1）：190-214.

不断提升的背景下，此类群体的组织性相对于20世纪国企旧工人群体而言，尽管组织形式可能仍然是微弱且松散的，但利用组织间的网络关系能够轻松实现彼此间的呼应，且在时间上具备相当的迅捷性，在空间上具备信息沟通群体的广泛性，那么在诉求的产生与变化上也会具有相当的跳跃性特征。李静君在对新工人群体的研究中指出，新工人群体并不总是顺从国家的统治策略，而是试图促使地方政府决策向着有利于自身利益的方向行动，以蜂窝状的团结的行动方式、以法律为武器展开行动。特别是在社会转型的背景下，官方话语与社会制度的变化性，为此类群体的利益表达提供了较为充分且自主的话语空间和行动空间，使其能够不断设计、修正自身在政策行动中的行为方式。① 在进行群体行动中，遵从法律并以法律为优先考虑的行动要件，是这一群体开展行动的一大特征，只有在诉诸法律无效的情况下，才会选用上街、罢工、打砸等暴力方式。然而，陈敬慈等认为，此类群体在行动方式与手段的选择中，并非完全受制于法律框架，而是既有可能通过法律途径争取问题的解决，也可能直接绕过法律进行暴力行动。②

就我国当前的群体性事件而言，民众的行动手段或策略除不同群体依其资源禀赋差异而通过策略互借，或以传统方式暴力游行、打砸等行动策略之外，其可用的行动手段呈现更为多样化的趋势。特别是当前新媒体技术的快速发展和通信工具的普及，为群体行动提供了强大的声援力量。社会媒体具有跨越不同社会群体、不同政府层级社会公器的属性，促使社会媒体成为社会群体行动与官方进行博弈的重要手段与工具。社会媒体利用其话语传播能力，能够对政府决策和公共政策形成一种自下而上的作用力。邓喆和孟庆国认为，在新媒体时代，民众通过社会媒体对公共政策影响的内在作用模式发生了转变，由原来的"媒体议程—公众议程—政策议程"模式转换为"网民—

---

① LEE C K. Engendering the Worlds of Labor: Women Workers, Labor Markets, and Production Politics in the South China Economic Miracle [J]. American Sociological Review, 1995, 60 (3): 378-397.

② 陈敬慈，罗奕媚.《社会保险法》的落实障碍：一个实证研究 [J]. 中国工人, 2014 (5): 21-24.

自媒体议程—政策议程"模式。[①] 民众自发运用新媒体创设的话语空间，与公共政策进行互动，再依托新媒体的影响力推动政策议程的建构，进而实现公共话语对公共政策议程的间接影响。因此，新媒体作为民间话语的发声器，其在促使群体性事件进入政府议程、推动公共政策议程设置模式优化、升级的能力方面得到更为充分的体现。此外，也有传统媒体与新媒体对政府的作用方式或施压方式差异性的研究。如王洛忠和李奕璇对二者在"政策基本取向""公共问题反馈""热点事件""政策观点"等话语的对比分析[②]。黄扬和李伟权就传统媒体与新媒体对政府部门的混合影响力的研究表明，新媒体与传统媒体能够在一定程度上实现呼应、彼此借力或舆论互激，进而形成舆情聚合，特别是在群体性事件发生后，有效实现了对民意的递送，形成巨大的舆论压力，加快政策场域力量格局转变，甚至触发政策间断。[③]

曾繁旭等对不同群体在集体行动中对媒体资源运用的逻辑进行了比较分析并指出，群体差异是影响不同社会群体利用媒体能力差异的重要变量。媒体是否会对某一公共事件进行积极有效的报道，与公共事件中行动主体的身份特征密切相关。[④] 在他看来，中产与农民群体在政策行动中对媒体资源利用能力的差异主要反映在四方面:(1)群体特征差异反映在对媒体工具的运用上呈现出较为显著的数字鸿沟。中产相比农民而言更加善于运用互联网平台的资源来反映其政策诉求。(2)在获取媒体声援的能力上，中产与农民群体在框架互借中呈现显著的非对称性。中产的意见相比农民更能够在社会媒体中得到全面而充分的反映。(3)在以中产为主体的公共事件和以农民为主体的公共事件中，二者所呈现的政策诉求表达风格存在差异。中产的政策诉求表

---

① 邓喆，孟庆国.自媒体的议程设置:公共政策形成的新路径 [J].公共管理学报，2016，13（2）：14–22.

② 王洛忠，李奕璇.媒介融合背景下的政策变迁及其多源流分析:以"独生子女"到"全面二孩"的政策变迁为例 [J].南京大学学报（哲学·人文科学·社会科学），2018，55（5）：98–110.

③ 黄扬，李伟权.网络舆情推动下的网约车规制政策变迁逻辑:基于多源流理论的案例分析 [J].情报杂志，2018，37（8）：84–91.

④ 曾繁旭，黄广生，李艳红.媒体抗争的阶级化:农民与中产的比较 [J].东南学术，2012（2）：80–85.

达多较为温和，而农民则多呈现苦大仇深的悲悯形象。（4）策略性在中产与社会媒体互动中体现得更加明显。中产与农民由于所处的社会位置不同，导致二者所掌握的媒体资源和媒体素养不同。由于农民缺乏相关渠道和资源，很难与社会媒体形成对等的互动关系，而难以对社会媒体这一行动手段进行有效利用。也有研究者认为，各类社会中不同群体尽管在群体行动中的心理感知、行为选择、媒体应用上存在相当的差异，但在政策行动过程中，无论是何种策略选择均具有一定的共通性，而其群体行动能否对政府决策产生压力，取决于在具体的群体性事件中不同行动策略的组合效用大小。[①]

第三节　群体行动对政府与政治的影响

群体性事件对政府与政治能够产生何种影响的议题已在学界展开了较为深入的研究。有学者认为，尽管群体性事件对某一时期的社会秩序造成了干扰，甚至其负面效应还会波及其他领域，但并非没有正面价值。如陈曦在对大量集体上访案例的研究中分析发现，尽管社会成员依托群体行动来与政府进行互动，往往表现为典型的激进特征，但通过这种类似于议价的行为，弥补了中国政治体制的弱点与缺陷，提升了政权的应变能力。[②] 在他看来，中国群体性政策行动与社会运动有着本质的不同，其目的并非颠覆政权，结果也并不会动摇政权，反而通过这种激进的方式，达到社会疗伤的效果，不仅不会对政权稳定产生影响，反而有利于政治环境的长期稳定。

事实上，群体行动同时也是利益集团维护或争取自身利益的一个缩影。集体行动中的群体作为以利益为基础建构的临时性组织与利益集团具有某种

---

① 王英伟. 异质群体行动对政府决策的差异化作用逻辑——基于阶层视角的定性比较分析 [J]. 公共管理与政策评论，2023，12（02）：127-143.

② CHEN X. Social Protest and Contentious Authoritarianism in China [M]. New York：Cambridge University Press，2011.

相似的特征。陈水生对中国市场化发展过程中所产生的利益集团进行了研究，发现当代中国社会利益集团不断崛起，已然成为一股独立于公权力的重要力量，尽管其具有维护本群体利益的行为动机，但在推动政治民主化进程、制约权力的滥用和腐败等方面发挥了积极作用。[①] 而群体行动中，利益相似、诉求相近的民众在自上而下向政府施压的过程中，同样有益于实现对政府权力的制约，推动民主进程，进而助力政府决策修正与政策完善。

然而，也有研究者认为，当下出现的多样化的集体抗议和民众对公共政策的质疑现象，仍从属于不同社会群体表达自身利益的一种方式。群体行动是以一种相对激烈的方式进行政策参与，而这种参与行动区别于常态下的政策参与，能够对社会关系与政治体系造成一系列的影响。尽管这一激烈的行动模式，在一定程度上能够有效推动公民的利益诉求表达、加快公共政策的民主化进程，但也可能给政治体系带来较为严重的威胁。尤其是在利益集团竞争频繁且相对失衡的社会环境中，占据优势地位的群体行动能力能够得到不断的强化和巩固，而处于相对弱势地位的群体其利益则在竞争中往往遭到进一步削弱，由此引发的政治不平等和利益不均衡，可能会损害政府的政治权威，甚至削弱政治体系的合法性基础。[②]

也有学者关注到不同群体行动对政府影响力的差异性问题。即群体行动中由于参与者的主体身份、社会位置、所掌握的社会资源不同，而能够对政府决策产生差异化的影响。洪岩璧等认为，就群体行动而言，在某一公共政策的出台或重大事件发生时，不同社会群体的敏感性和承受力不同，某些社会群体更容易遭到冲击和损失。[③] 其中，阶层或族群等社会特性对群体损失状况分布不平等的影响是决定性的。社会脆弱性观点也指出，社会中上层在资源控制能力、对不利政策的抵御能力、行动能力、社会经济地位以及在可获得的社会支持上远超过劣势阶层。其与劣势阶层在行动动机、行动形式和对

① 陈水生. 当代中国公共政策过程中利益集团的行动逻辑 [D]. 上海：复旦大学，2011：13.

② 王永生. 论美国利益集团发展对我国的启示 [J]. 学术界，2008（2）：283–288.

③ 洪岩璧，赵延东. 灾后重建中的资源再分配与健康不平等：基于三期汶川地震重建调查 [J]. 社会，2019（6）：214–237.

行动工具的选择和应用上也有较大差别。谢茨施耐德（E. E. Schattsch neider）认为，社会上层能够在政策领域产生更为强大的影响力，他提出上层阶级偏见理论，并指出，由于社会上层与企业界自身不仅组织程度更高，而且群体成员多数接受过高等教育、占有较多的财富且社会地位相对较高，因此，政府在决策过程中也更倾向于考虑此类群体的意见，由此形成了所谓的社会上层偏见。① 这一论述事实上与米尔斯（Charles W. Mills）所强调的权力精英理论有相似之处。米尔斯认为，处于社会上层拥有较高权力和共同社会经历与教育背景的权力精英，在国家的经济、文化、政治和军事等领域占据着主导地位，能够影响，甚至左右国家的政策制定与政策走向。②

异质群体行动对政府决策影响效果差异性问题在国内学术界也有较多探讨。在集体行动与政府决策领域，群体行动中社会群体本身的异质性会对政府决策产生差异化的影响。如闵学勤通过对南京市13个区县共155位来自各类社会阶层的市民代表进行了深度访谈后发现，日趋固化的阶层结构已渗透于各类公众参与之中，使得大部分个体或集体行动参与者都受到来自不同群体的利益驱使，并形成程式化的阶层表达，而这种富有阶层区隔意涵的行动逻辑，反过来对愈演愈烈的阶层结构化有一定的推波助澜作用。③ 孙立平研究指出，自从20世纪90年代中期起，中国即形成了以政治精英、经济精英与知识精英等社会上层为主体的联盟关系，而此类群体能够对各级政府的政策制定产生深远影响，且具有相当的稳固性与持续性。相对而言，城市中的底层民众、处于贫困状态的社会成员以及失业群体则极少能对政府决策产生实质性影响。④

---

① 谢茨施耐德. 半主权的人民：一个现实主义者眼中的美国民主 [M]. 任军锋，译. 天津：天津人民出版社，2000.
② 米尔斯. 权力精英 [M]. 王崑，许荣，译. 南京：南京大学出版社，2004.
③ 闵学勤. 行动者的逻辑：公众参与的阶层化与结构化研究 [J]. 江苏社会科学，2013（4）：47–53.
④ 孙立平. 利益关系形成与社会结构变迁 [J]. 社会，2008（3）：7–14.

第四节　政府治理中的政策工具及其选择

一、政府治理中的政策工具

自20世纪70年代起，随着全球化、市场化与信息化浪潮的来临，西方发达国家开始重新关注政府治理方式的改进，并致力于提升治理效率。以创新政府治理方式方法、提升政府治理效率为目标的政策工具研究一度成为西方学界关注的热点话题。20世纪80年代，政策工具研究快速成为政策科学与公共行政学的一个重要分支。在此阶段涌现出了众多讨论政府政策工具的经典著作，如彼特斯（B. Guy Peters）和冯尼斯潘（Frans K. M. van Nispen）的《公共政策工具：对公共管理工具的评价》、戴维·奥斯本（David Osborne）的《政府改革手册：战略与工具》以及胡德（C. Hood）的《政府工具》、萨拉蒙（Lester M. Salamon）的《政府工具：新治理指南》等。这些关于政策工具问题的理论分析与实证研究成果从经济学、政治学等方面，对政府政策工具类型和特征进行了分析。

政策工具即政府在贯彻政策中所运用的方式和方法。政府在社会治理中所选用的政策工具恰当与否，所能产生的影响甚至会超越公共政策本身，而直接作用于政策最终效果。政府政策工具议题是公共管理理论与实践研究的重要论域。事实上，早在20世纪60年代政策工具尚未被重视的时期，即有研究者对这一议题进行了讨论。如德国经济学家基尔申（E. S. Kirschen）领导的科研团队共归纳出64种工具，然而在基尔申的研究中并未对不同的手段进行归纳，他们所提出的不同政策手段之间的内在逻辑关系并不明确。[①] 萨拉蒙、萨瓦斯（E. S. Savas）、欧文·休斯（Owen E. Hughes）等人对政府可用的政策

---

① Kirschen E.S. , et al. Economic Policy in Our Time［M］. Chicago：Rand Mcnally，1964：28–60.

工具进行了进一步的细化研究。其中，萨拉蒙将政府政策工具划分为直接贷款、贷款担保、经济管制、合同、保险、凭单制等工具。[①] 萨瓦斯在其对公私部门之间的伙伴关系进行的研究中，依据公共服务的生产者、消费者、安排者三者间的关系以及政府的干预程度，将政策工具归为契约、特许经营、补助、凭单制、自我服务等从政府服务到社会成员自我服务的10种工具细分类型。[②] 欧文·休斯提出以补贴、供应、生产和管制为基础的政策工具[③]。然而，上述对政策工具的研究主要集中在市场化的工具类型中，未对政府其他层面的政策工具进行深入探讨。在公共政策的推进过程中，涉及多层面、多个领域，单一经济领域的政策工具难以满足政府治理的内在需求。为拓展政策工具理论研究的解释力，此后的研究者更加强调从综合角度出发，对政府可用的工具类型进行探索。克里斯托弗·胡德（Christopher C. Hood）从管理资源的视角对这一问题进行了深入讨论。他认为，政府几乎所有可用的政策工具均与其本身所掌握的资源有关，包括可能涉及的权力权威资源、资金资源、组织资源以及信息资源等。地方政府在对某一公共政策的落实中或对某一群体性事件的处置中所运用的政策工具均离不开对某种资源的运用。在他看来，地方政府在差异化的资源禀赋下，可选的政策工具有命令、劝诫、提升能力和制度变迁四种类型。[④]

林德布罗姆（Charles E. Lindblom）在对政府社会治理手段的研究中，指出三种促使民众服从的方式，即压服、收买与说服。其中，"压服"即以暴力手段，通过强制性办法，力图迫使目标群体服从政府决策，将社会越轨行为拉回到正常的社会秩序中来；"收买"即通过收买主要行动者的办法或以某种恩惠对目标群体进行利益补偿的方式，来达成稳定社会秩序与促使民众服从政府治理的目的；"说服"则是一种依托教育、劝说、意识形态感染等方式，

---

① Salamon L. M. Rethinking Public Management: Third-Party Government and the Changing Forms of Government Action [J]. Public Policy, 1981, 29（3）: 255-275.

② 萨瓦斯. 民营化与公司部门伙伴关系 [M]. 周志忍，译. 北京：中国人民大学出版社，2002：69.

③ 休斯. 公共管理导论 [M]. 张成福，马子博，译. 北京：中国人民大学出版社，2001：98.

④ HOOD C C. The Tools of Government [M]. London: Macmillan, 1983.

将政府的意图内化为民众自觉行动的手段。其中，强制性手段在冲突事件中容易引发激烈的官民冲突乃至极为严重的抵抗；而收买的方式同样存在较大缺陷，若在收买行动中，利益分配不当，反而会滋生更加强烈的对立情绪；相对而言，说服是一种较为常用且强制程度较低的政策工具，在某些情境下，说服具有一定可行性的基础即在于人情感的共通性。人作为有共情心理的生物体，通过心理疏导、行为规劝等相对柔和的方式，对政策目标群体进行正向的引导，有助于促进政策目标群体心理障碍的化解、尊严与认同感的获得，从而促使政策目标群体向着政府所预期的方向做出相应的行为选择。尽管这一方法具有较大的不确定性，但在争取政策目标群体政策认同、维持社会稳定中仍起着重要作用。①谢茨施耐德与林德布罗姆的理论具有一定的差异，谢茨施耐德更加强调正面引导性的政策工具。如象征与劝说、激励、学习、提升能力四个方面。②

上述政策工具的类型划分仍然处于相对碎片化的阶段，或偏于某一领域，或不同类型之间存在较为明显的交叉关系，并未形成一个结构化与体系化的分类方式。布鲁斯·多尔恩（G. Bruce Doern）与理查德·菲德（Richard Phidd）通过对政府政策工具本身强制性程度的区分，对政策工具类型进行了归纳，③即以自律为基本特征的非强制型工具和以全民所有为基本特征的强制型政策工具。也有研究者以政策工具的强制性为基础，将完全强制型与完全自愿型政策工具置于所有备选政策工具的两端，在这两种极端情况之中，再依据国家的干预程度进行细致区分，继而得到十种政策工具。依照国家干预程度从低到高，依次划分为：由家庭与其所处社区、自愿性的社会组织、私人市场构成的自愿型政策工具；由信息沟通和直接劝诫、财政补贴、产权拍卖、政府税收构成的混合型政策工具；由政府管制、公共事业与政府直接进

① LINDBLOM C E, WOODHOUSE E J. Politics, Economics, and Welfare: Planning and Politico-Econnmic Systems Resolved into Basic Social Processes [M]. New York: Harper & Row, 1963: 67.

② SNYDER E C. Policy Design for Democracy [M]. Lawrence: University Press of Kansas, 1995: 48.

③ DOERN G B, PHIDD R W. Canadian Public Policy: Ideas, Structure, Process [M]. Toronto: Methune, 1983: 137.

行公共物品供给构成的强制型政策工具。①

我国学界对政策工具的理论研究相对较晚，而伴随着我国政府管理体制改革的不断深化、政府治理方式的转变与治理能力的提升，对政府政策工具研究的需求逐渐增强，国内学者积极借鉴国外关于政策工具研究的相关经验，对我国公共政策情境下的政策工具议题进行了探索。如陈振明将政府可用的政策工具划分为工商管理类管理工具、社会化调节工具和市场化规制工具三种类型。②顾建光从政策工具的属性着手，将政策工具划分为激励型工具、管制型工具和信息传递型工具。③该政策工具的划分方式，突出了政策工具的正向激励性与负向管控性，同时还强调信息传递型工具在社会治理中的重要意义。④王辉则主要依托政府政策工具强制程度的强弱与政策工具本身功能性的差异，将政府可选择的政策工具分为管制类工具、市场类工具、引导类工具与自愿类工具四类。⑤卓越和郑逸芳将政策工具纳入政府工具之下，认为政策工具与法律工具、制度工具一道从属于政府工具。他们以工具的强制性程度为基础，将政策、制度与法律作为同一类型的政策工具，又由于行政法区别于其他法律，而与政府规制存在较多交集，因而，将行政法执法作为一种单列的政策工具，即行政法工具。此外，在其研究中将社会化调节工具、道德柔化工具、市场化的规制工具与文化宣传式的教育工具统一归为综合性政府工具。⑥

二、政府治理中政策工具的选择

政策工具关系到政府推进政策方案或项目建设的手段和方法。由某一

① NICOLAS B M. Policy Implementation and the Role of the State：A Revised Approach to the Study of Policy Instruments［M］// ROBERT J J，DOREEN J，NICOLAS B M. Contemporary Canadian Politics：Readings and Notes. Scarborough：Prentice-Hall，1987：336-355.

② 陈振明. 政策科学［M］. 2版. 北京：中国人民大学出版社，2004：177.

③ 顾建光，吴明华. 公共政策工具论视角论述［J］. 科学学研究，2007（1）：47-51.

④ 顾建光. 公共政策工具研究的意义、基础与层面［J］. 公共管理学报，2006（4）：58-61.

⑤ 王辉. 政策工具选择与运用的逻辑研究：以四川Z乡农村公共产品供给为例［J］. 公共管理学报，2014，11（3）：14-23.

⑥ 卓越，郑逸芳. 政府工具识别分类新捃［J］. 中国行政管理，2020（2）：102-107.

政策工具的选用，而产生的影响甚至会超越决策方案本身，直接关系到政府所推进的项目能否顺利开展、政策目标能否顺利达成。安德森（James E. Anderson）认为，政策分析家在对公共政策的有效性进行评估时，不仅需要对政策是否有助于实现政策目标进行评价，同时需要对公共政策执行中的可用技术、所施用的技术与公共政策的匹配度进行考察。[①] 安德森的研究明确指出了政策工具选择在公共政策分析中的重要价值。当前关于政策工具选择的研究主要遵循经济学研究视角、价值规范视角、政治学研究视角。以下对这三类研究视角下政策工具的选择逻辑研究进行概述。鉴于政治学视角在当前政府政策工具选择逻辑研究中的核心地位，本研究对政治学视角下的政策工具选择逻辑研究进行重点综述。

在经济学研究领域，研究者对政策工具选择逻辑的研究主要分为两个派别，即新古典主义与福利经济学。新古典主义经济学者以公共选择理论为基础，认为在公共物品供给过程中，政府应根据不同公共物品的特性选用差异化的政策工具。在纯公共物品的供给上，可使用强制型政策工具，而在其他公共物品的供给过程中，过分使用强制型政策工具则不利于充分发挥市场的作用，且极易造成市场机制的扭曲。[②] 在不同的经济体中同样应选择具有一定差异性的工具。如在相对发达的经济体中，公共部门通常选用向私有经济补贴等方式，来强化对私有经济的管制和影响；而在欠发达的经济体中，则通常选择管制和增加开支等政策工具。[③] 就公共选择理论的基本逻辑而言，政府部门以及政府决策部门或决策者，并非天然的公共利益捍卫者，其在推进社

① 安德森.公共政策［M］.唐亮，译.北京：华夏出版社，1990：160.

② STEPHEN B. Analyzing Regulatory Failure: Mismatches, Less Restrictive Alter-natives and Reform［J］. Harvard Law Harvard, 1979（93）: 549–609; STEPHEN B. Regulation and Its Reform［M］. Cambridge: Harvard University Press, 1982; RICHARD A P. Theories of Economic Regulation［J］. Bell Journal of Economics and Management Science, 1974（5）: 335–358; GEORGE J S. The Citizen and the State: Essays on Regulation［M］. Chicago: University of Chicago Press, 1975; CHARLES W J. Markets and Non–Market Failures: Comparison and Assessment［J］. Journal of Public Policy, 1987（7）: 43–70.

③ BATES R H. Markers and States in Tropical Africa: The Political Basis of Agricultural Policies［M］. Berkeley and Los Angeles: University of California Press, 1981.

会治理过程中，倾向于首先考虑自身利益，而公共部门决策者的自利动机往往会将其行为引向增加税收、扩张政府开支和强化对私人活动的管控上。而在以选举为基础的官员晋升压力下，政府更加倾向于通过选用并不能反映真实成本的政策工具，来掩盖政府官员意图通过政策工具选择来将利益集中在少数群体，而让选民分担成本的事实。① 因此，强制型政策工具的选择一定程度上排斥了市场机制，并不利于维护普通选民的利益。

然而在福利经济学研究者看来，强制型政策工具在政策工具选择中具有一定的普适性，政府能够在更大范围、更广领域运用，来达成公共服务或社会治理效果。与此同时，福利经济学者也倡导运用有助于纠正市场失灵的混合型工具。② 在该视角下，研究者将政府政策工具选择视为一种纯技术行为，要求对政策工具的使用成本、收益进行估计，以使其与不同的市场失灵类型进行匹配，从而发挥政策工具的有效性。事实上，无论是新古典主义经济学研究者，还是福利经济学研究者，其研究基础均建立在理论推理基础上，因而本身具有较强的理论推演色彩，而鉴于现实的复杂性与实践情境的多样性，相对削弱了其理论解释力。

价值规范研究视角下的政策工具选择逻辑认为，传统观念、意识形态、伦理道德等要素是影响政府政策工具选择的关键。在巴格休斯（R. Bagchus）看来，在政策共同体中，不同成员所共有的心理与意识倾向根植于个体与群体内心深处，受到传统道德、价值规范、既有观念等的影响，具有相当的稳定性。③ 这些植根于群体内在思想性的原动力，是影响政府公共政策制定和相应政策工具选择的重要内因。林格林（A. B. Ringeling）的研究中同样指出，意识形态在诸多社会行动、政治运动中扮演了关键性角色。意识形态对政府

---

① JAMES M B. Rent Seeking and Profit Seeking［M］// JAMES M B, ROBERT D T, GORDON T. Toward a Theory of the Rent-Seeking Society. College Station：Texas A&M University Press，1980.

② FRANCIS M B. The Anatomy of Market Failure［J］. Quarterly Journal of Economics，1985，73（3）：351-379.

③ ELIADIS P, HILL M M, HOWLETT M. Designing Government：From Instruments to Governance［M］. Montreal, Can：McGill-Queen's University Press，2004：196-198.

政策工具选择的影响甚至是决定性的[①]。在胡德看来，政策工具的选择，必然要遵从某种价值规范，符合人类社会基本的公平正义原则。因而，政府的政策工具选择必然需要与人的基本伦理道德取向相契合。[②]

政治学研究视角下的政策工具选择理论认为，政府政策工具并非局限于经济价值、道德约束等问题，更为关键的是政策工具选择背后所蕴含的政治性问题，政府部门既需要考察政策工具本身的经济性或技术性，又需要考虑政策工具在政治层面的意义以及前后的一致性。因而，政治学研究者普遍将政府对政策工具的选择，视为政治要素与社会要素双重约束下的产物。布鲁斯·多尔恩对政策工具的选择问题进行了理论化研究。他认为，政策工具的选择依赖于决策者对某类政策工具的主观偏好和社会主体对不同政策工具的反应。[③] 因为在他看来，多数的政策工具事实上是能够相互替代的，政府在进行政策工具选择中具有相当大的自由度，在某一公共物品的提供中既可以依托志愿组织、家庭等强制性较弱的政策工具，也同样可以通过政府直接提供的方式，来选用强制性较高的政策工具。多尔恩等人事实上将政府对政策工具的选择认定为一种技术上的操作。其将政策工具的选择建立在"任何技术工具在理论上均具有可替代性"的前提假设基础之上，在民主程度相对较高的社会中，政府决策者更加偏好非强制性的政策工具，只有在社会主体对政府所施行的政策工具并不满意，甚至抵触的情况下，才会相应提升政策工具的强度，来应对来自社会层面的压力。社会层面给予的压力越大，越容易促使政府选择强制性更高的政策工具。

然而，布鲁斯·多尔恩关于政府政策工具选择的观点遭到了此后研究者的抨击。一是其研究假设在某些情况下并不成立，并非所有的政策工具之间都具有可替代性。在某些政府治理领域，政府所面临的各类来自政府自身和

---

① 彼得斯，冯尼斯潘．公共政策工具：对公共管理工具的评价［M］．顾建光，译．北京：中国人民大学出版社，2007：55.

② HOOD C C. The Tools of Government［M］. London：Macmillan，1983：4.

③ BRUCE D G. The Peripheral Nature of Scientific and Technological Controversy in Federal Policy Formation［M］. Ottawa：Science Council of Canada，1981：1–50.

社会层面的约束，使得政府决策部门并不能在所有的政策工具中自由选择，而仅能在相对有限的范围内选择某一类型的政策工具，而放弃另一类型的政策工具。① 如在严重破坏社会秩序的大规模冲突事件中，政府则难以在力度较弱的志愿型工具中进行选择。二是政府在政策工具的选择中，较少存在由弱到强的渐进强化过程，通常情况下会根据公共事务的实际情况，灵活选择相应的政策工具，包括强制性的政策工具或强制性相对较弱的工具。政府在工具的选择及转换过程中，并非必然遵循由非强制性逐渐升级的渐变规律。三是政府所面临的社会压力仅是政府在政策工具选择中所需考虑的一个方面的因素，社会压力的增强的确有促使政府强化政策工具强度的正面刺激，但政府在进行政策工具选择时会受到政治意识形态、社会稳定、自身财务状况等多方面因素的影响。因而，强大的社会压力并不必然导致政府选用强制程度较高的政策工具。另外，尽管政策工具的确具有一定可替代性，使政府在工具的选择中受制于政府本身的偏好，然而不同的政策工具具有独立于其他政策工具的独特性，其效果、作用方式、成本效益等方面的差别都可能对施用效果产生差异化的影响。因此，政府部门的偏好尽管能够对决策施行结果产生一定的影响，但仍然是极其有限的，政府必然要考虑某种政策工具与政策情境的适用性。② 由此看来，政府政策工具的选择涉及多因多果问题，其所需要考虑的诱导因素较多，将政府政策工具的选择简化为渐进性的力度增加、政府自身意图作用下的产物具有一定的片面性。因此，此后研究者在布鲁斯·多尔恩研究基础上，对政府政策工具选择的复杂性与多因性进行了进一步讨论。

克里斯托弗·胡德对多尔恩的观点进行了扬弃，尽管胡德承认多尔恩所指出的政府政策工具选择可能在很大程度上的确依赖于政府自身的偏好，甚至是基于个体喜好的主观判断，但胡德进一步指出政府在政策工具选择中所

---

① KENNETH W. Policy Instruments and the Study of Public Policy [J]. Canadian Journal of Political Science, 1986（4）: 775-793.

② SALAMON L S. Beyond Privatization: The Tools of Government Action [M]. Washington D.C.: Urban Institute, 1989: 41.

面临环境的复杂性和潜在影响要素的多样性。他的研究表明，政府能够依据其所占有的资源灵活地进行工具选择，因而存在由原先所采用的强制性的管制工具，转换为财政、金融等更为灵活的市场化工具的动态变化状况。在他看来，政府政策工具选择会受到多种要素影响，并非仅仅根据公共事件的核心特征选配相应工具的纯技术行为，而是一种在政治压力、事件的目标群体规模、政府的动员能力、相应的资源约束、法律约束，以及地方政府已有处理类似问题的经验等多样化要素的共同作用下的一种政治行为。^① 而从影响政府政策工具选择的核心要素来看，国家的目标与资源的性质、目标群体的行动能力，是决定政府政策工具选择的关键。其中，政策目标群体作为影响政府政策工具选择的因素之一，其规模的大小甚至能够直接影响政府政策工具的选择。一般而言，目标群体规模越大，对政府施加的组织压力就越大，越能实现目标群体决策意见的输入，从而促使政府被动地进行政策工具的选择，尤其是在政府寄希望于社会群体自觉服从其政令的情况下，更加倾向于顺从目标群体意图，选用弹性相对较大的政策工具，但在涉及重大利益重新分配时，有可能选用强制性较高的政策工具。^② 总体而言，胡德的研究指出了政府政策工具选择背后的政治要义，将其视为超越政策工具的技术性而存在的一种政治行为。罗伦内·阿里奥（Lorraine Ario）也对政策工具选择中的政治性要素进行了分析。他从政策过程的视角出发，指出政策体制与政策工具之间存在内在关联。如在社会治理中尽管决策者需要考虑不同政策工具选择带来的公共福利差异，但决策者对自身政治前途的关心，要更甚于对公共福利的关注，因而，某一政策工具对政府政策官员政治前途的影响，也是影响政府政策工具选择的要素；某一政策工具的选择还需要受到其他决策者的认可，以获取政治的支持。此外，政党为达成某些政治目标，可能会排斥与解决问题更加契合的政策工具，而倾向性地选择另一更加适宜政治目标的工具。^③

---

① HOOD C C. The Tools of Government［M］. Chatham：Chatham House，1986：9.

② HOOD C C. The Tools of Government［M］. Chatham：Chatham House，1986：138–129.

③ 彼得斯，冯尼斯潘. 公共政策工具：对公共管理工具的评价［M］. 顾建光，译. 北京：中国人民大学出版社，2007：119–147.

也有学者在对诸多影响政府政策工具选择要素进行综合分析的基础上，提出了更为复杂的政策工具选择模型。如巴格休斯指出，政府政策工具的选择主要取决于政策问题、政策环境、政策工具本身的特征和政策受众的特征四方面。[①] 林德（Stephen H. Linder）和彼得斯将政治学与经济学中关于政策工具的理论进行了整合，突出强调了政治因素在政策工具选择中的作用，在林德和彼得斯看来，政府政策工具的选择需满足一定的前提条件，即政策工具需符合法律规范，同时被政治联盟所接纳。在此基础上，提出了政策工具选择的5I模型。[②] 也即由利益、观念、个人、制度与国际环境五方面的要素组成的影响因素模型。其中，"利益"是政策工具选择的核心与首位要素。政府运用政策工具对目标群体行为的调节很大程度上涉及利益的配置问题，直接或间接关系到相关群体的切身利益。因而，各类群体均期望政府能够选择有利于自身利益最大化的政策工具，回避选择可能会使自身利益受到损害的工具。因此，利益要素会对政府政策工具选择产生影响。"观念"构建了关于设定的理由、目的与基本假定，也即政策执行与政策论辩的基本思路，能够从思维层面对政府政策工具的选择产生影响。其中的"个人"要素，一般表现在决策者依托其自身的知识背景、认知能力、个人偏好做出的主观判断。个人也能够被理解为国会议员、政府官员、企业等利益团体的代表，民间具有号召力的个体以及具有一定身份标签的政策企业家等，这些个体能够对政府的政策工具选择产生重要影响。"制度"性要素，则反映了国家在某一社会问题治理领域的相关制度性规范，同样能够对政策工具产生影响。"国际环境"作为政策工具选择的外部性要素，强调了其他国家、国际组织和相关国际协约对政府政策工具选择的影响。[③]

① BAGCHUS R. The Trade-off Between Appropriateness and Fit of Policy Instruments [M] //PETERS B G, VAN NISPEN F K. Public Policy Instruments. Cheltenham: Edward Elgar, 1998: 46-66.

② LINDER S H, PETERS B G. Instruments of Government: Perceptions and Contexts [J]. Journal of Public Policy, 1989（1）: 35-38.

③ LINDER S H, PETERS B G. Instruments of Government: Perceptions and Contexts [J]. Journal of public Policy, 1989（1）: 35-58.

有研究者将政策工具与国家类型联系起来进行考察，认为不同类型的国家倾向于选择差异化的政策工具。如斯蒂尔曼（Richard J. Stillman）在《设计政府：从工具到治理》一书中将国家类型分为"无国家、强国家、中等角色国家与专业型国家"四种类型，其中，"无国家"是指在某一国家内部，公共部门处于相对边缘的角色，并不起主要作用，如英国等，倾向于运用规制性工具与大企业国家化工具；公共部门在社会发展过程中能够发挥积极作用的"强国家"，则倾向于政府直接控制型工具；公共部门在社会发展中扮演着中等角色或在公共服务中除政府以外，社会组织能够进行实质性参与并发挥重要作用的"中等角色国家"，往往选用补贴、税收支出、贷款保证和社会规制等工具；以治理技术为基础，为某一社会治理问题匹配以相应的治理技术是"专业型国家"政策工具选择的基本特征。尽管斯蒂尔曼从国家类型层面重新思考了政策工具选择的影响因素，但仍然属于理想型的模型构建。在现实层面，不同类型的国家即使政策工具选择具有一定倾向性，但由于社会事务本身的复杂性和动态性，使得政府政策工具的选择特别是微观领域的政策工具选择与国家类型之间并不具备必然联系。[①]

也有研究者对政策工具选择与政府治理模式二者间的关系进行了探讨，认为在不同的政府治理模式下，倾向于选择差异化的政策工具。如林格林在其研究中指出，在以命令、控制为主的治理模式中，中央政府倾向于运用直接规制性工具来对公共事务进行治理；在以大政方针为主的治理模式中，政府对社会干预程度相对较低，高层政府设计宏观性制度规则，而由低层级政府部门设置具体的管理规范。在此类政府治理模式下，政策工具选择具有明显的垂直分布、逐级细化特征；在选择性治理模式中，中央政府对政策工具做出方向性选择，由基层政府在既定方向下做具体的工具选择。[②]

迈克尔（M. A. Michael）对政策工具选择机制进行了更为综合性的归纳。

① ELIADIS P, HILL M M, HOWLETT M. Designing Government: From Instruments to Governance [M]. Montreal Can: McGill-Queen's University Press, 2004: 188-190.

② ELIADIS P, HILL M M, HOWLETT M.Designing Government: From Instruments to Governance [M]. Montreal Can: McGill-Queen's University Press, 2004: 193-195.

他将影响政府政策工具选择的要素归结为两类总体性变量，即国家计划能力和政府政策子系统复杂程度。^①政策工具选择即是这二者组合作用下的产物。其中，国家计划能力的大小集中表现在政府对社会中的各类行动主体进行管理、控制及影响的能力，而政策子系统复杂性的高低则主要反映在，政府在社会治理中所需要应对的社会行动主体的类型和规模。在这两个核心变量不同的组合中，针对性地选择不同的政策工具。一般而言，在政策子系统复杂程度较高，国家计划能力强的情况下，倾向于选择市场化工具。这是因为在一个相对复杂的政策子系统中，政府社会治理所面临的市场主体较多、利益纷争也较多，运用市场化的调节工具，能够更好地避免因直接干预导致的干预失当与过渡调节行为，更有利于处理各类群体的利益冲突；在政策子系统复杂性较低，但国家计划能力较高的情况下，倾向于选择受管制的公共企业或者选用直接规定工具；在政府政策子系统复杂性相对较高、国家能力较低的情况下，则倾向于选用基于家庭或社区等此类志愿性较强的工具；而在子系统复杂性与国家计划能力均较低的情况下，则主要依赖于混合型政策工具的运用。^②尽管迈克尔将政府政策工具选择归纳为清晰的四类模式，但并未将政府治理的情境考虑在内，国家计划能力的大小从属于宏观层面，而在不同的公共议题中，国家的能力大小可能存在差异。子系统的复杂程度在涉及多样化的政策议题时，同样不宜判定，但迈克尔的观点将对政策工具选择的研究引向了政治层面的国家计划能力与政策子系统的复杂性两个层面，为此后政策工具选择相关问题的探索提供了有益的启发。

当前西方学界更侧重对某一具体领域政府政策工具的问题进行探讨，包括某一政策工具的选用对相关政策的影响。如 Joshi 基于系统动力学的研究方

① MICHAEL M A. Selecting Policy Instruments：Neo-Institutional and Rational Choice Interpretations of Automobile Insurance in Ontario［J］. Canadian Journal of Political Science，1989（1）：114.

② HILL S H，PETERS B G. Instruments of Government：Perceptions and Contexts［J］. Journal of Pubic Policy，1989（1）：35-38.

法，探讨了政府政策工具选用对铅酸蓄电池回收状况的影响。① 政策工具的效果及作用。如 Popp 基于 OECD 国家对金融风险管理工具支持状况的定性比较分析，探讨了新型农业政策工具所具有的政策反馈和政策锁定效应②；Amira 对埃及计划生育、儿童与产妇保健质量提升中政府政策工具所能够发挥的作用进行研究③。某一社会问题与政策工具选择之间的关系研究。如 Muhammad 等人讨论了在"一带一路"背景下，部门性二氧化碳排放与财政政策工具之间存在的关系。④ 在某一具体领域的政策工具使用。如 Debrunner 等人以瑞士为例，研究了土地稀缺城市经济适用房建设中的土地政策工具使用问题。⑤

　　国内研究者对政府政策工具的选择问题也进行了相应的理论探讨。如曾军荣认为，政府政策工具的选择主要受到社会能力的大小、政府本身控制能力的强弱以及社会的异质性强弱三个核心变量的影响。⑥ 周力敏在对影响政府政策工具选择的变量的研究中发现，民生、风险、资源、市场与冲突性质的变量对政府政策工具的选择构成了关键性的影响。⑦ 唐贤兴认为，政府之所以选择某一政策工具而排斥另一政策工具，主要取决于政策问题本身的性质、政策工具的基本特性、政策外围环境对政府政策风格的影响、决策者的偏好与目标群体的反映这几方面的影响，其中政策环境层面的诱因较为复杂，包

① JOSHI B V, VIPIN B, RAMKUMAR J, et al. Impact of Policy Instruments on Lead-Acid Battery Recycling: A System Dynamics Approach [J]. Resources, Conservation & Recycling, 2021, 169 (1): 105528.

② POPP T R, FEINDT P H, DAEDLOW K. Policy Feedback and Lock-in Effects of New Agricultural Policy Instruments: A Qualitative Comparative Analysis of Support for Financial Risk Management Tools in OECD Countries [J]. Land Use Policy, 2021, 103 (1): 105313.

③ AMIRA E S, PATRICIA C M, MIREIA J B. Accreditation As a Quality-improving Policy Tool: Family Planning, Maternal Health, and Child Health in Egypt [J]. The European Journal of Health Economics, 2021, 22 (1): 115-139.

④ MUHAMMAD W A, PENG Y L, ADNAN M, et al. The Nexus of Sectoral-Based CO_2 Emissions and Fiscal Policy Instruments in the Light of Belt and Road Initiative [J]. Environmental Science and Pollution Research, 2021, 28 (25): 32493-32507.

⑤ DEBRUNNER G, HARTMANN T. Strategic Use of Land Policy Instruments for Affordable Housing-Coping with Social Challenges Under Scarce Land Conditions in Swiss Cities [J]. Land Use Policy, 2020, 99.

⑥ 曾军荣. 政策工具选择与我国公共管理社会化 [J]. 理论探讨, 2008 (3): 133-136.

⑦ 周力敏. 影响政策工具选择的变量与考量 [J]. 云南行政学院学报, 2019, 21 (6): 127-132.

含社会成熟度、市场化程度、政治制度的完善程度、社会法律与法治状况以及国家之间的依赖性等方面。[①] 王辉通过实证研究发现，政府在合理区分政策项目性质、准确评估政策工具的运用环境、坚持政策工具优化配置基本原则的前提下，更倾向于选用引导性、市场性或自愿性的政策工具[②]，这一现象构成了当前我国公共政策工具选择的一个重要特征。

也有研究者将政策工具的选择问题置于某一特定的社会治理领域进行研究。如黄萃等人基于结构洞对中国核能政策中的核心政策工具进行了识别[③]。堵琴囡基于政府在政策工具选择中政策网络的路径，对新业态劳动者权益保障问题中所设计的行动者类别、诉求、资源和关系进行了讨论。研究发现，新业态下的劳动者权益保障议题涉及的政策网络规模较大，行动者之间的互动程度相对较低且网络影响力低，需从战略、战术和具体的操作层面选择相应的政策工具，以解决新业态下劳动者权益保障中所遇到的困境。[④] 唐庆鹏和钱再见对政府在公共危机治理中的政策工具选择问题进行了探索。在他们看来，公共危机需要以政府为核心的公共部门遵循"政策情境—治理目标—政策工具"的逻辑进路，也即在公共危机的治理过程中，需要依据危机发展的阶段性和所需达成的基本目标，灵活、动态地选择相应的政策工具。[⑤] 在他们的研究中，同时从横向与纵向两方面，指出当前公共危机治理中政策工具选择的基本特征。在横向上可分为管制型工具、经济型工具、信息型工具与社会型工具四类；在纵向上则显现出寻求新的政策工具（第二代政策工具）的发展取向，在政策工具的选择中，更加强调社会与市场力量在危机治理中的作用，相对弱化政府管制型工具的应用等。王红梅等以北京 PM2.5 环境治理

① 唐贤兴.政策工具的选择与政府的社会动员能力：对"运动式治理"的一个解释 [J].学习与探索, 2009（3）：59-65.
② 王辉.政策工具选择与运用的逻辑研究：以四川 Z 乡农村公共产品供给为例 [J].公共管理学报, 2014, 11（3）：14-23.
③ HUANG C, YANG C, SU J. Identifying Core Policy Instruments Based on Structural Holes: A Case Study of China's Nuclear Energy Policy [J]. Journal of Informetrics, 2021, 15（2）.
④ 堵琴囡.新业态劳动者权益保障的政策工具选择研究 [J].中国行政管理, 2020（9）：42-48.
⑤ 唐庆鹏, 钱再见.公共危机治理中的政策工具：型构、选择及应用 [J].中国行政管理, 2013（5）：108-112.

为例，对该事件治理中的北京市政府政策工具选择问题进行了探索。在其研究中从效益、效率和可接受性三个角度，选取了八个指标对具有不同特征的政策工具进行了评估，并指出经济激励型政策工具能够在环境保护中发挥积极的作用，同时认为环境问题治理需要从细化经济激励型政策工具着手，以实现不同利益群体的激励相容，继而推动环境问题的解决。[①] 此外，也有诸多关于教育 [②]、金融 [③] 等领域的政策工具选择问题的研究。

　　总的来看，研究者从不同的角度对影响政府政策工具选择的要素进行了理论分析，具有显著的复杂性和多样性，且呈现弱化工具选择的技术性，更加强调工具选择的政治性的演进特征。既有关于政府政策工具选择的研究主要涵盖了政策工具所涉及的利益配置、可能面临的政治风险、政策工具的特征、某一国家独具特色的政策风格与政治文化、工具应用环境与应用时机、社会的分裂程度、相关主体的行动范围等要素，这些研究发现为群体性事件治理中，政府政策工具选择逻辑的研究奠定了扎实的理论基础。

表1-1　经典政策工具选择模型比较

研究视角	代表性学派或代表性人物	主要观点（影响政府政策工具选择的要素）
经济学视角	新古典主义经济学派	受工具本身的强制性程度、公共物品性质影响。在纯公共物品的供给上可使用强制型政策工具，而在其他公共物品的供给过程中可运用市场型工具或混合型工具
	福利经济学派	受工具本身的强制性程度、公共物品性质影响。强制型政策工具在政策工具选择中具有普适性，政府能够在更大范围、更广领域使用强制型政策工具。该学派将政府政策工具选择视为一种纯技术行为，要求对政策工具的使用成本、收益进行估计，以使其与市场失灵的不同类型相匹配

① 王红梅，王振杰.环境治理政策工具比较和选择：以北京 PM2.5 治理为例 [J]. 中国行政管理，2016（8）：126-131.

② 衣华亮，姚露露，徐西光.转型期教育政策执行偏离探析：政策工具的视角 [J]. 江苏高教，2015（3）：24-28.

③ 胡宏海.金融创新背景下中国最优货币政策工具选择 [J]. 经济与管理研究，2015（10）：40-44.

续表

研究视角	代表性学派或代表性人物	主要观点（影响政府政策工具选择的要素）
政治学视角	布鲁斯·多尔恩	决策者的偏好、政策目标群体或社会主体对政策工具的反应
	克里斯托弗·胡德	资源约束、法律约束、政治压力、目标群体规模、政府动员能力，政府处理类似问题的经验
	罗伦内·阿里奥	国家的政策体制、某一政策工具选择对官员政治前途的潜在影响、其他决策者的认可与支持、政党的政治目标
	巴格休斯	政策问题、政策环境、政策工具本身的特征、政策受众的特征
	林德和彼得斯	在政策工具的合法性、工具本身被政治联盟所接纳的前提下，受利益群体干预、决策者的观念、具有影响力的个人、相关制度、国际环境的影响
	斯蒂尔曼	受国家类型的影响。国家内部公共部门的角色相对边缘的"无国家"类型中，倾向于运用规制性工具与大企业国家化工具；"强国家"倾向于运用政府直接控制型工具；"中等角色国家"选用补贴、税式支出、贷款保证以及社会规制工具；"专业型国家"倾向于选用技术性政策工具
	林格林	受政府治理模式影响。在以命令、控制为主的治理模式中，运用直接规制性的工具；在以大政方针治理模式中，政策工具选用具有明显的垂直分布、逐级细化特征；在选择性治理模式中，中央政府对政策工具进行方向性选择，基层政府在该方向下做有限的选择
	迈克尔	受国家计划能力的大小、政策子系统复杂程度高低的影响。在政策子系统复杂程度较高，国家计划能力强的情况下，倾向于选择市场化工具；在子系统复杂程度低，国家计划能力高的情况下，倾向于选择受管制的公共企业或直接规定工具；政策子系统复杂性高，国家计划能力低，则选用志愿性工具；政策子系统复杂性低、国家计划能力弱，倾向于选用混合型政策工具
价值规范视角	胡德	受到符合基本公共价值的各类要素，如公平、正义、伦理道德等的影响
	林格林	受决策者与目标群体观念、思想、价值观等意识形态要素的影响
	巴格休斯	共同体中长期形成的共同观念、传统道德、价值取向等

　　尽管学界对群体性事件、政府政策工具的研究均较多，但从政策工具的角度研究群体性事件治理的文献却较为鲜见。从既有研究来看，无论是关于政府政策工具的类型、政府政策工具的选择逻辑研究，还是关于群体行动的生成机制、行动策略、群体性事件对政府与政治的影响等均进行了探讨，为理解中国的群体行动治理议题提供了丰富的理论素材，但仍存在诸多局限性。主要表现在以下几方面：（1）既有关于政府政策工具的选择逻辑研究，主要从整体视角出发对政策工具选择思路进行探讨或针对某一常规事件中的政府政策工具选择进行讨论，群体性事件治理中的政策工具选择逻辑，尚未得到应有的重视；（2）既有研究虽对多样化的社会治理议题中的政策工具选择问题进行了探索，但往往是从单一要素或多个要素相对独立的视角进行分析，并未从组态视角出发，研究各不同要素之间的组合机制；（3）诸多关于政策工具选择逻辑理论的提出与实践经验的刻画均只是描述性分析，缺乏必要的、明确的核心变量，如将政府政策工具选择逻辑归结为国家计划能力的高低与政策子系统的复杂性二者的组合关系等理论模型，尽管有助于理解政府政策工具选择的内在机制，但其变量很难实际测量，降低了理论的可操作性和可应用性；（4）关于政府政策工具选择与群体性事件的诸多理论，是在美国等西方国家背景下产生的，存在着和中国传统文化、行政逻辑不完全相符的情况，并不能直接用来解释中国群体行动中政府政策工具的选择问题。实践也证明，任何简单照搬西方理论来分析中国问题，直接指导中国实践的做法，很难与中国问题相契合而难以取得理想的效果，甚至可能南辕北辙产生负面效果。因此，需要在中国实践基础上，探索既符合中国社会治理现实情境，又对当前群体性事件治理中政府政策工具选择的内在逻辑具有深刻解释力的理论模型。

第五节　研究方法与内容概要

　　多数的社会行动与结果均是由一系列因素（组合）辅以特定的机制而导

致的，这要求社会科学研究者从识别因果关系与厘清因果机制两方面来进行探索。① 为厘清群体性事件治理中政府政策工具的选择逻辑，本研究主要采用案例研究、比较研究和叙事研究方法。具体而言，本书首先运用扎根理论分析方法对群体性事件治理中政府政策工具选择的影响因素框架进行建构，继而运用定性比较分析法，对多案例背后多影响因素之间的组合关系进行考察，得出群体行动中政府政策工具选择模型，最后选用个案叙事方法对得到的解释路径进行经验验证。

一、研究方法

（一）比较研究

比较研究的精髓在于通过对不同事物或同类事物在不同阶段、不同时期或不同状态下进行比较，从而发现其本质性、规律性或共通性的东西。而定性比较分析法则是将定性方法与定量方法相结合的综合比较方法，运用组态分析思维，通过对多案例的定性比较分析，发掘事物发展或现象演绎背后多重变量间的互动关系。其在发掘事物的因果机制方面具有较大优势。本书在第五章通过对23个案例的定性比较分析，剖析了群体行动中政府政策工具选择的内在机制。在此基础上得出群体行动中政府政策工具选择逻辑的解释路径。

（二）案例研究

案例研究是建构理论、检验和发展理论的重要方法。在后实证社会科学研究范式下，案例研究既可以是定性研究，也可以包含定性与定量的混合研究。案例研究不仅可以描述事实，而且在检验理论、修正与拓展理论、发展一般性知识上，均能够发挥重要作用。美国华裔心理学家罗伯特·K. 殷（Robert Yin）认为，案例研究属于一种实证的社会研究，有助于提炼研究对

---

① 黄振乾，唐世平. 现代化的"入场券"：现代欧洲国家崛起的定性比较分析 [J]. 政治学研究，2018（6）：26–41.

象在实践场景中的行为特征。[①] 案例研究的优势在于他能够为探讨研究对象在真实生活场景下的情况，特别是在所研究的对象与场景界限不容易区分清楚或以量化的方式进行估算的时候，提供一种适宜的研究策略。在具体操作层面，研究者既可以选择多案例研究，也可以选择单案例研究。其中，多案例研究在案例比较、发现并提取不同案例之间的共同性或异质性中具有重要作用，同时多案例的研究有助于在比较中发现更多在单案例研究中不易被察觉的问题，甚至可能生成新的研究线索。于单案例而言，则是通过对单个典型案例的深度解析，集中精力深入现场、充分挖掘案例细节，从而呈现更为丰满的分析。本书在进行实证研究过程中即选用了多案例定性比较的方法，通过对23个案例进行定性比较分析，研究多个案例背后的各类影响要素是如何相互作用，最终影响政府政策工具选择的，继而得出群体行动中政府政策工具选择逻辑的解释路径，在此基础上结合单案例研究，通过对核心解释路径下的典型案例研究，深入案例细节，从而剖析各类要素在具体实践过程中是如何真正作用于政府政策工具选择的，以此，对多案例定性比较分析得出的核心解释路径在具体案例中的运作状况进行呈现。

（三）叙事研究

"叙事"最初是文学研究领域的概念，是一种较为常见的文学表达类型。关于叙事价值与叙事方式的研究事实上早在相对体系化的叙事学发轫之前，即被学者们广为探讨。如20世纪初期，俄国文学史上著名的形式主义学家普罗普（Vladimir Propp）首次从叙事的角度出发，对叙事性文学作品中的关键要素、各类叙事要素之间的内在关联等进行了讨论，由此开创了文学领域结构主义叙事学的先河。而与叙事学相关的议题也逐渐进入学术研究视野。叙事学的概念首次在托多罗夫（Tzvetan Todorov）的《〈十日谈〉语法》得到阐发。然而，叙事学真正作为一个文学领域的研究流派，则是以巴特（Roland Barthes）的《符号学研究——叙事作品结构分析》一文为标志。巴特在该文

---

① 罗伯特·K.殷.案例研究:设计与方法[M].周海涛,李永,李虔,译.重庆:重庆大学出版社,2010.

中对文学领域叙事的普遍性以及叙事的基本方法进行了详细的讨论。[①] 此后，叙事式研究方式在其他学科研究领域逐渐扩散开来，并得到越来越多的研究者的关注和运用。[②] 以叙事为基础的研究方式也得到了政策科学研究者的青睐。在公共政策研究领域，对叙事式研究方法的运用，更加强调叙事逻辑背后的深层含意与政策价值。政策叙事的目的并非仅在于对行为主体态度与认知方式的阐发，更为重要的是据此厘清事件背后的因果机制与导致特定现象或结果发生的各要素之间的内在关联。叙事研究方法能够辅助研究者透过现象抵达事实真相，这一功能恰恰是叙事式研究方法被广泛应用的重要依据。[③] 由此看来，叙事的本质并不在于对事件过程的记叙，而是通过叙事透视事件在微观、中观和宏观层面所隐藏的因果机制。[④] 公共政策分析领域对叙事研究方法的深入探讨，逐渐提升了其作为一种社会科学研究方法的理论指导意义。有鉴于此，本书在第六章中重点运用叙事研究方法对个案所反映的现实状况、发展逻辑进行深描，从而更好地呈现第五章定性比较分析中所得到的群体行动中政府政策工具选择逻辑解释路径在实践中的运作状况。

此外，书中还涉及更为具体的扎根理论与模糊集定性比较分析方法，由于这两种方法与书中的部分章节具有密切的相关性，因而，对扎根理论与定性比较分析方法的阐述，分别置于其所应用的第二章与第五章中。

二、研究思路与章节安排

（一）研究思路

本书遵循以下思路：首先选取23个影响较大的群体性事件，运用扎根理

① 姚文放. 生产性文学批评的解构性生成与后现代转折：罗兰·巴特批评理论的一条伏脉［J］. 文学评论，2018（2）：69–78.

② 韩蕾. 话语符号学视角下的叙事作品结构分析导论［J］. 中国文学研究，2017（1）：10–14.

③ SCHANK R C, ABELSON R P. Knowledge and Memory: The Real Story［M］// WYER R S. Knowledge and Memory: The Real Story. Mahwah: Lawrence Erlbaum Associates，1995：19–20.

④ BRUNER J, LUCARIELLO J. Monologue Asnarative of the World［M］//NELSON K. Naratives from the Crib. Cambridge，MA：Harvard University Press，1989：82.

论对群体性事件治理中政府政策工具选择的影响因素模型进行建构，并对分析框架中的各影响要素分别进行一般性的理论探讨，继而运用定性比较分析法，分析群体行动中政府政策工具选择影响因素之间存在的组合关系，以此对政府政策工具选择的内在逻辑进行探索。此外，尽管定性比较分析能够对群体行动中政府政策工具选择的各影响因素之间的组合关系进行清晰的理论展示，但具有一定的"黑箱"特征，无法对实际案例中各要素间的联动关系进行呈现，因而，本书进一步引入案例叙事方法，对核心解释路径下的典型案例进行深描，从而在理论层面厘清政府政策工具选择逻辑的同时，在案例中还原其逻辑实现过程。

（二）章节安排

本书计划从以下七个部分展开：

第一章为绪论。该部分主要介绍研究的缘起、研究的现实基础与学理背景、理论与实践意义，并从群体行动的生成机制与行动策略、群体性事件对政府与政治的影响以及政府政策工具及其选择等内容进行综述。此外，在该部分中，对书中所运用的理论研究、案例研究、比较研究与叙事研究方法进行了阐述。

第二章为理论基础与分析框架。该章主要分为两个部分，一部分是对与本书群体行动中政府政策工具选择研究议题相关理论的阐述，另一部分是对书中的分析框架进行建构。在理论基础部分主要阐述了政策过程理论、社会冲突理论与社群主义思想。在分析框架建构过程中，主要运用了扎根理论，对23个群体性事件的案例资料从基础话语到概念进行三级提取，得到了由2个维度、8个变量构成的政府政策工具选择影响因素框架。

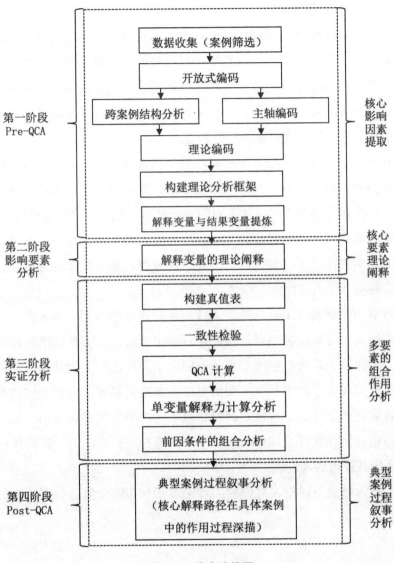

图1-1 技术路线图

第三章是群体行动中政府政策工具选择的内部控制性要素。该章是对影响群体性事件治理中政策工具选择的政府内部要素的理论探讨。主要通过结合既有理论，对群体性事件治理中政府政策工具选择中源于政府内部层面的社会控制性要素，如政府注意力的配置、政府部门之间的联动、制度对社会活动的约束等进行理论分析。

　　第四章是群体性事件治理中政府政策工具选择的外部压力要素。该部分是对影响群体性事件治理中政府政策工具选择的外部要素的理论探讨。这一章对群体性事件治理中政府政策工具选择所面临的四方面的外部压力，即对民众的抗议程度、社会组织干预、社会媒体的舆论施压以及源于市场中的企业等其他利益集团的干扰要素的理论阐述。

　　第五章是群体性事件治理中政府政策工具选择逻辑的实证分析。影响群体性事件治理中政府政策工具选择的各因素，并非独立作用于最终的政策工具选择，而是通过多种不同要素之间的组合机制，对政策工具选择施加影响。此外，政府政策工具的选择也并非受到所有要素的干扰，且各要素对政策工具选择的影响强度并不均衡。因此，在该部分引入了定性比较分析法，来对不同要素的组合作用进行深入考察。

　　第六章为政府政策工具选择逻辑核心解释路径的典型案例深描。通过上一章的定性比较分析，能够对影响群体行动中政府政策工具选择的各要素之间理论上的逻辑关系进行清晰的展示，但由于定性比较分析具有一定的黑箱特征，无法对现实案例中各要素间的互动关系进行呈现。因此，在该部分进一步引入案例叙事方法，对核心解释路径下的典型案例进行深描，从而在理论层面讨论群体性事件治理中政府政策工具选择逻辑的同时，在具体的个案追踪中还原其逻辑实现过程。

　　第七章为结论与讨论，对研究的理论贡献与实践价值进行系统性的归纳总结。

第二章

理论基础与分析框架

该章节共分为两个部分，一部分是对本书的理论基础进行阐述。其中，政策过程领域的相关理论对政府决策行为与公共政策的内在逻辑有着深刻的解读。通过对该理论的介绍，能够为理解地方政府在社会治理中政策工具的选择逻辑提供有益的启发。与此同时，对群体性事件治理中政策工具选择进行逻辑研究，很大程度上依赖于对社会群体行为方式的深刻认知，以及对群体性事件的驱动机制、演化机制的理解。因而，在理论基础部分对社会冲突理论和当代社群主义思想进行了详细阐述。另一部分对本书的分析框架进行了建构。在本章中，主要运用了扎根理论，对23个群体性事件的案例资料进行分析，从案例资料的基础话语出发，进行概念归纳，通过三级提取，得到由2个维度、8个变量构成的政府政策工具选择的影响因素分析框架。

第一节　政策过程理论

政策过程可以分为广义和狭义两个层面。从广义上来看，政策问题的识别与确定，政策方案的制订、执行、评估以及终结等均能被纳入政策过程的范畴中来。从狭义上来看，政策过程则是指政策的制定过程，也即从政策议题被选定到政策方案被出台的过程。自从国家诞生之日起，便开始了关于公共政策的经验化探索，而自政策科学建立以来，关于政策过程的理论研究吸引了更多学者的关注，并在该领域开展了大量的探索工作。在这一过程中，建构了诸多具有广泛影响力的政策过程理论，如拉斯韦尔（Harold Lasswell）的阶段启发法。该政策分析方法是根据政策过程中不同阶段的特征与功能，将政策过程分解为政策问题的确定、政策执行、评估、终结等环节。研究者在对不同阶段进行专门化研究的同时，能够从整体上把握政策过程的线索，而这一功能相对独立且又具有整体性的政策分析过程也被称为政策循环或政策周期。

拉斯韦尔的阶段启发法对此后的公共政策过程研究产生了重要的影响。以不同政策阶段的特征和功能，来对政策过程进行分阶段研究的路径，被诸多研究者所遵从。公共政策研究者从整个政策周期的整体框架下，对不同的政策阶段进行了卓有成效的研究。如在政策制定环节，尽管在行政体制下，政府在公共政策的制定过程中仍然占据着主导地位，然而，在政策制定过程逐渐向社会开放、鼓励民间参与的过程中，政策的制定主体日益呈现多样化的趋势，各类源于政府之外的政策行动者被纳入决策的过程中。由此，从公共政策的制定环节来看，公共政策不仅是权威决策者主导或推动下的产物[①]，同时也是多元主体、多元利益综合作用下的产物。另外，由于多利益参与者的权利诉求的边界并不能得到清晰地划分，而是相互交织在一起。因此，在此背景下生成的政策方案是容纳多种利益需求同时也包含多样化的矛盾冲突的，而存在于政策方案中的矛盾冲突则是引发政策过程接下来环节矛盾问题的重要缘由，同时也是促使政策方案不断修正的关键所在。政策执行是政策过程的阶段启发法所重点阐述的又一关键环节。学者在对政策执行问题的研究中指出，诸多政策执行困难事实上源于地方政府在政策执行过程中对政策初衷的背离和政策执行过程中的执行偏差。地方政府在经济硬约束和法律软约束的双重作用逻辑下，容易出现"名""实"分离等问题，包括变通执行、附加执行、替代执行、目标偏移等政策执行梗阻。因此，即使是清晰的政策方案在政策执行过程中仍然存在被异化的可能[②]。而在政策评估环节，评估者

---

① 科尔巴奇.政策［M］.张毅，韩志明，译.长春：吉林人民出版社，2005：13.

② 黑尧.现代国家的政策过程［M］.赵成根，译.北京：中国青年出版社，2004：135.

的能力、素养、评估视角与评估时机等均可能对政策评估结果产生影响。在量化评估过程中仍然不可避免地受到各种人为因素的影响，进一步增加政策评估的模糊性。由此看来，在政策周期的诸多环节中，公共政策均存在被模糊化的可能，而强化对公共政策过程的理论探索的目的就在于，对政策过程中可能存在的模糊性问题进行科学的追踪并进行有效解决，以促使政策过程的通畅与政策目标的顺利达成。①

20世纪七八十年代，阶段启发法在政策过程研究领域居于主导地位，有力地证明了该理论强大的解释力，为政策科学研究奠定了扎实的基础。同时，该理论从静态分解与动态变化的视角将政策过程的周期性进行了清晰的概括，其不仅与政策过程的整体运作思路相吻合，同时也与决策者的思维逻辑、行动步骤相契合，建构了一个便于接受，且易于把握和运用的理论框架。因此，拉斯韦尔的政策研究方法也被称为公共政策理论的典范。然而，尽管阶段启发法具有显著的理论优势，在回应公共政策问题中也展现了其强大的理论解释力，但仍存在诸多不足。有研究者认为，该理论将政策全过程分解为不同的阶段，虽指明了政策分析的步骤和特征，但并未对各个阶段内部以及不同阶段之间的内在关联进行清晰的解释，各个阶段之间分散、脱节问题较为显著，不仅不利于对不同阶段内部的政策问题进行细致的分析，同时也有失于对不同阶段之间的因果机制的考察。另外，该政策过程理论过分关注公共政策过程中的重大事件及政策方案，相对忽视对政策过程同样能够产生显著影响的细小政策规范的作用和意义，这一问题同样对其理论解析功能的持续发挥产生了不利影响。此外，这一理论仅将关注的焦点置于重大政策的单一循环圈，而未对政策所涉政府层级较多、多种政策相互嵌套，且周期非同步等问题进行分析。这在一定程度上是对复杂政策问题的简化，因而限制了阶段启发法的研究视野和理论深度。如彼得·德利翁（Peter Delion）所言，阶段启发法将整个政策过程打碎的同时，未描绘各个片段之间的关联，进而在不断衍生出的复杂公共政策问题中其解释力呈现出明显的滑坡趋势。

---

① 王英伟．倡议联盟框架下中国医疗卫生政策变迁研究［D］．长沙：湖南大学，2018．

　　20世纪80年代，政策过程研究领域逐渐产生了较多具有影响力的替代性方案，如萨巴蒂尔（Paul A. Sabatier）的倡议联盟框架，弗兰克·鲍姆加特纳（Frank R. Baumgartner）和布赖恩·琼斯（Bryan D. Jones）的阶段均衡框架，麦克贝斯（Mark K. McBeth）、琼斯（Michael D. Jones）和沙纳汉（Elizabeth A. Shanahan）的叙事式分析框架，金登（John W. Kingdon）的多源流理论等。此类政策过程研究方案规避了先前阶段式研究对各阶段内部细节关注不足以及各环节独立性和分散性问题，转而从影响政策过程演变的核心要素出发，对各个政策环节之间的内在关联机制进行探索。其中，萨巴蒂尔从影响政策过程的价值性要素、主体性要素、资源性要素等层面着手，提出了倡议联盟框架。该框架将政策信仰要素的优先级置于各类相关要素之前。在其看来，在某一政策中的行动者通过不断凝聚具有相似信仰的个体或群体，从而以组织或联盟的形式来对政策过程进行影响。在某一公共政策中持有差异化政策信仰的群体通过结成不同的政策联盟，围绕其所认同的政策信仰和相应的政策方案展开论辩，进而推动政策行动者的意见进入政策议程。^①公共政策正是在不同信仰联盟的博弈过程中得以建构并发展的。该理论区别于以往政策研究中以利益为核心的政策演进逻辑，转而选用政策信仰这一从属于价值层面的要素来进行理论框架的建构，因为在萨巴蒂尔等人看来，无论政策行动者是基于实际利益还是维权动机参与政策行动，其在政策过程中必然转化为一种政策偏好，且利益等动机需要在特定的政策体系中才能够被清晰地界定，这种政策体系的建构又是以其内在的信念体系为基础的。^②在倡议联盟体系中，政策过程的演进与政策变迁被认为是以具有群体共享性的倡议联盟信仰为基础，不同联盟在差异化的政策资源、政策系统内外部事件以及不同联盟之间政策取向的学习等要素综合作用下的产物。

①　PAUL A S. The Advocacy Coalition Framework: Innovations and Clarifications［M］// PAUL A S. Theories of the Policy Process. Boulder, CO: Westview Press, 2007.

②　PAUL A S, HANK C J. The Advocacy Coalition Framework: An Assessment［M］// PAUL A S. Theories of the Policy Process. Boulder, CO: Westview Press, 1999: 147.

　　间断均衡框架是这一时期又一具有影响力与启发意义的政策过程理论。[①]
该政策过程理论的创立者弗兰克·鲍姆加特纳和布赖恩·琼斯将生物学领域
的"间断均衡"概念纳入公共政策科学研究领域，并在其著作《美国政治中
的议程与不稳定性》中对该政策过程理论进行了系统性的阐发[②]，同时运用阶
段均衡的思想来对公共政策过程问题进行研究。该理论框架认为，政策过程
在常态下遵从一种平衡、稳定逻辑，与渐进主义的基本逻辑相似，但由于重
大事件的发生也可能出现不同于原政策的剧烈变化，即引发政策的间断。在
其看来，公共政策在常态下往往处于相对均衡状态，并不容易发生较大幅度
的转变，然而，随着政府面临的决策环境日益复杂化以及各类危机的发生，
政策发生重大革新的可能性也在增加。而政策的变迁过程即在长期平衡与短
期阶段两种政策样态的交替中实现演进和发展[③]。该政策过程理论拓展了已有
的政策议程设置理论，对政策间断与停顿问题进行了理论阐释，同时由于其
融合了政策的渐进性与突变性两方面的意义，而能够为诸多的政策变迁过程
提供恰切的理论依据，由此成为公共政策分析中极具代表性的理论。[④]

　　事实上，近年来，国内研究者在中国的政策过程研究领域也取得了巨大
进展。有国内研究者认为，中国的政策过程与西方政策过程存在较为显著的
区别，西方政策过程所围绕的核心问题是在西方社会利益分化较为显著的情
况下，政府与社会中的各类政治力量相互交织下政府如何进行有限选择的问
题，而在中国社会情境下并不存在稳定的利益集团，因而难以形成能够对政
府决策产生巨大影响的外部压力体，因而政府外部的行为主体并不会对政府
决策行为产生实质性的压力，同时也难以对政策过程实现有效的外部意见输

① 鲍姆加特纳，琼斯.美国政治中的议程与不稳定性［M］.曹堂哲，文雅，译.北京：北京大学出
　　版社，2011：7.
② 鲍姆加特纳，琼斯.美国政治中的议程与不稳定性［M］.曹堂哲，文雅，译.北京：北京大学出
　　版社，2011：7.
③ ROBINSON S E. Punctuated Equilibrium Models in Organizational Decision Making［M］// Handbook of
　　Decision Making. New York：CRC Taylor and Francis，2007.
④ 李金龙，王英伟."间断平衡框架"对中国政策过程的解释力研究：以1949年以来户籍政策变迁
　　为例［J］.社会科学研究，2018（1）：64-72.

入。相对而言，中国公共政策过程中的外部主体多以利益群体的形式出现，而非以利益集团的姿态呈现，利益群体作为参与政府决策的行动主体也是通过在民众与政府之间连接沟通的桥梁，而非作为与政府进行博弈的施压者角色存在。胡伟在其《政府过程》中借用了伊斯顿（David Easton）的《政治生活的系统分析》中的"内输入"提法，来突出权力精英在我国政策过程中的关键作用。[①] 在他看来，我国的政策过程并非在多主体协同作用或多元互动的过程，而是由少数的政治精英代表人民意志，来推进政策制定、政策执行等一系列的政策环节。但少数具备较强政策参与能力的政治精英的存在并非排斥其他社会群体，而是以政治精英为政社关系枢纽，使其既代表部分群众传达意见，同时又作为党和政府的代表做群众工作[②]，这一特征反映出中国公共政策过程中相对独特的政策意见内部输入机制。

中国的政治传统与中国共产党的领导能力决定了在中国的政策过程中政府本身具有强大的内部控制能力，因而呈现出显著的"内输入"特征。这使政府在政策过程中，更多以政府职能部门为基础，提出政策方案，运用政府的内部动员模式来进行决策。因而，在中国的政策制定过程中，往往呈现出政府内部方案制订与施行的特征，而非呈现出多类行动主体在多个行动方案中择优的局面。因此，中国公共政策过程总体上呈现出一种自上而下的政策推进秩序，而自下而上的政策秩序则在极少的情况下才会出现。

然而，也有研究者注意到随着当前我国经济领域的变革发展，社会利益主体多元化趋势逐渐显现，利益群体本身对政策的影响力以及影响的内在动力逐渐增强，公共政策所面临的客观环境也发生了较大的变化，一定程度上促使政府治理逻辑发生了较大变革。王绍光通过对当代中国医疗卫生体制这一代表性案例的深入剖析，系统地对当代中国政府的决策模式进行了总结，指出当代中国政府决策模式已经发生重大变化，即由此前的集体决策与个人决策模式，转变为更具公共性与民主性、科学性的公共决策模式。这一决策

---

① 胡伟.政府过程［M］.杭州：浙江人民出版社，1998：147.

② 朱光磊.当代中国政府过程［M］.天津：天津人民出版社，1997：83.

模式反映出两个方面的突出特征，即参与结构层面的"开门"与沟通机制层面的"磨合"。[①] 其中，开门决策意味着决策者更加倾向于通过实际调查研究方式走向基层，在开门中实现决策者的走出去、发现问题、寻求解决办法。同时，也意味着决策主体的多元化，在决策过程中，将不同的利益群体意见以一种合法、合规的形式纳入决策中来。磨合则是允许与某一公共事件相关的利益群体通过充分的意见表述、反复商议以及政府高层的主持协调，从而求同存异，达成各方满意的政策共识。[②] 王绍光的研究对当代中国政府的决策模式进行了系统的归纳。他提出的"开门"与"磨合"式的决策理论为探究中国政府内部决策机制提供了有益的启发。

事实上，从王绍光等人对当代中国政府决策模式的理论概述中能够发现，当前中国政府的决策模式与西方政策体系中的内外部互动关系有着较大差异，这一时期在我国公共政策过程中外部多元利益行动者仍然是以"内输入"中的多元主体参与的形式出现，通过与政府内部决策精英进行互动，共同协商决策方案，而非政府内部与政府外部行动者不同方案之间的竞争。因此，从这一角度来看，中国政府的决策过程具有相当大的内控性与外部意见吸纳性。因而，外部意见、外部方案只有通过外部参与的形式实现向政府建言，继而由政府部门吸纳后才能形成决策输出。

第二节　社会冲突理论

社会冲突理论是探索群体行动的重要理论基础，关系到群体行动的生成、演化及其结果等诸多方面，群体性事件同样多以政社冲突的形式反映出来。就社会冲突理论而言，无论是心理学、政治学还是管理学与社会学均对该理

---

① 王绍光，樊鹏．中国式共识型决策："开门"与"磨合"［M］．北京：中国人民大学出版社，2014.

② 王绍光．中国公共政策议程设置的模式［J］．中国社会科学，2006（5）：86-99，207.

论进行了相应的研究，且呈现出西方核心理论占据主导地位的局面。最具代表性的是20世纪80年代兴起的美国实证主义学派。美国实证主义学派的主要代表人物有布鲁默、勒庞、康芒斯（Jone R. Commons）、斯梅尔塞、戴维斯等人。该学派在社会冲突研究领域主要从以下视角展开：

符号互动视角下的群体心智理论、突生规范理论，以及认知平衡及归因理论。群体心智理论是勒庞从社会冲突产生的心理层面出发提出的社会冲突生成的理论模型，他认为群体行动主要遵从心智趋同规则，在情绪与心理上能够通过一种无意识的暗示与传播塑造集体心智模式，由此形成了非理性的从众心理。特纳（Ralph Turner）和克里安（Lewis Killian）从符号互动论的角度进行分析，提出了突生规范理论，即符号性事件与谣言的产生及传播，能够引发集体行动规范的生成。

弗里茨·海德（Fritz Heider）在社会认知心理学中提出了关于人心理与认知功能性的两大理论，即平衡理论与归因理论。该理论从心理层面为群体行动的产生与演化提供了具有启发性的解释。一是平衡理论。平衡理论认为，人的"情感逻辑"是偏好平衡的，倾向于在心理认知与行动活动之间保持平衡或尽量增强二者之间的一致性，因而人是心理与行为一致性的追求者（consistency seeker）。二是归因理论。人们有两种强烈的基本需要：其一是形成对周围环境一贯性理解的需要，其二是控制环境的需要。为了满足这两种需要，一个人必须能预见人们将怎样行动，因此需要依托具体情境或个体倾向做归因。[①]海德的思想是一种功能性认知主义，是把行为主体的认知与动机、行为结合起来。尽管个体认知向实际行动转化受到多个层面因素的影响，但就个体或群体的心理认知而言，其在心理与行为需求平衡性及归因逻辑的驱动下，内在的心理活动与行为动机容易直接决定个体或群体是否参与群体行动，诸多个体在共有的心理状态下，甚至能够直接影响行动规模与程度。

结构功能视角下的价值累加理论。斯梅尔塞从结构与功能的角度提出了价值累加理论。该理论认为，社会冲突生成的主要原因受到六方面因素的制

---

① WOODSIDE A G. Advancing Means-End Chains by Incorporating Heider's Balance Theory and Fournier's Consumer-Brand Relationship Typology [J]. Psychology and Marketing, 2004（4）: 279-294.

约：有助于社会运动生成的结构性诱导因素；从社会结构中派生出来一种被剥夺感与怨愤支配的情绪；一般化的集体信念；积极有效的动员；引发社会运动的焦点性事件的出现以及政府社会控制能力的降低。[①]

期望与现实之间的差距视角下的相对剥夺理论。戴维斯与格尔认为群体冲突源于社会成员实际所获收益远低于期望值，而在社会成员间产生的相对剥夺感。这一心理过程的产生与发展往往并非总是出现在经济相对困难时期，而是产生于经济社会经过长期发展之后突然逆转的时间点上，由此造成的前后反差，容易引发社会动荡。[②]

社会动员视角下的资源动员理论与群体行动动员理论。有研究者从资源动员的角度对社会冲突中社会成员的行动能力进行了分析。如麦卡锡（John D. McCarthy）和左尔德（Mayer N. Zald）认为，社会行动的产生与发展主要依赖于行动者所能调动的各类社会资源，如时间资源、人力资源、经济资源、沟通渠道以及相关团体的支持性资源等，这一理论也被概括为资源动员理论。[③]梯利认为，群体行动的目的是否能够得到实现主要取决于行动者的组织能力、动员能力、聚合社会行动者的推动性要素、相关利益吸引力、可能面临的政治风险和群体行动力等要素。[④]

从社会建构角度对社会冲突的形成进行分析。斯诺（Charles P. Snow）指出，社会行动中的组织者在其中扮演着意义框架的建构者角色，通过提出并传播有助于社会成员易于接受的话语，将具有相似情绪与心理的个体聚拢起来，从而实现行动中人力的聚合。[⑤]加姆森（William A. Garnson）则主要探讨了社会媒体在社会冲突中所扮演的意义建构者角色。他认为，社会媒体在社会冲突

---

① 冯仕政.西方社会运动理论研究［M］.北京：中国人民大学出版社，2013：63-69.

② DAVIES J C，GURR T R. Toward a Theory of Revolution［M］. New York：Prentice-Hall，1970：129.

③ MCCARTHY J D，ZALD M N. "Resource Mobilization and Social Movements：A Partial Theory"［J］. American Journal of Sociology，1977（6）：1212-1241.

④ TILLY C. From Mobillzation to Revolution［M］. MA：Addison-Wesley，1978：97.

⑤ SNOW D A，BENFORD R D. Ideology，Frame Resonance，and Participant Mobilization［M］// KLANDERMANS B，KRIESI H，TARROW S，From Structure to Action：Comparing Social Movement Research across Cultures. East Hartford：JAI Press，1988：197-217.

中不仅充当了信息的传播者角色，且在与社会成员的互动中动态地塑造着舆论，能够与社会群体行动形成相对频繁的互动关系。[①]梯利则认为，一国的政治理念、政治文化与政治传统能够对该国的社会运动产生潜在的影响，并由此形塑了社会运动的话语与行为方式。[②]

政治系统视角。该视角认为，社会冲突的发生受到政治系统开放程度的制约，政治系统开放程度与社会活动空间存在着内在逻辑关联。如麦克亚当（Doug McAdam）在研究种族抗议中指出，社会运动的形成主要依赖于社会政治机遇的拓展、民间组织的发展和社会成员认知的解放。[③]艾辛格（Petter Essinger）认为，政治机会在开放性与封闭性两端均不利于社会行动的出现，反而在兼具开放性与封闭性的混合政治系统中，更容易出现社会群体行动。[④]

欧洲新社会运动学派研究者则重视微观动员理论的研究，从"人是嵌入于社会"这一前提假设出发，重点关注社会成员所处的社会位置与集体认同感之间的关系，同时强调公共话语、社会结构、社区以及集体认同感对社会运动与社会冲突的影响。

近年来，我国管理学界研究者也对社会冲突理论进行了探索，但仍处于起步阶段，依然以极个别的学者研究为主，其中具有一定代表性的，如杨立华、陈一帆和周志忍提出的公共均衡与非均衡理论。他们所提出的解释社会冲突的均衡与非均衡理论认为，群体冲突是不同事件中的行为主体在旧公共均衡出现间断的背景下，构筑新公共均衡的过程。均衡即社会的相对稳定状态，而均衡状态的维持或打破主要受到公共利益满足感、公共维持或合作的意愿、公众的反抗能力、反抗机会、社会刺激与社会约束力六个核心要素的制约，这六大变量决定了社会秩序是否处于稳定状态。即当均衡值大于1，则社会冲突较少而趋于稳定；当六类要素综合作用下的均衡值小于1，则社会处

① GAMSON W A. Talking Politics [M]. Cambridge：Cambridge University Press，1992：183.

② TILLY C. From MobilIzation to Revolution[M]. MA：Addison-Wesley，1978：97.

③ McAdam D. Political Process and the Development of Black Insurgency，1930—1970 [M]. Chicago：University of Chicago Press，1982：132.

④ EISINGER P K. The Conditions of Protest Behavior in American Cities [J]. American Political Science Review，1973，67：11-28.

于相对动荡或冲突的状态；而当均衡值等于1时，则表明社会处于稳定与冲突的边界或边缘地带。[1] 由此，在杨立华等人看来强弹性社会的构建是缓和社会冲突乃至解决冲突的必由之路。

第三节　社群主义思想

社群是群体性事件发生的组织基础，也是在群体行为研究中不可回避的议题。学界对社群主义思想的研究，为增进对群体行动内在规律的理解提供了扎实的理论基础和思想启发。因此，有必要对社群主义思想的相关论述进行系统的梳理。在对社群主义思想进行阐发之前需对社群的概念进行必要的考察。亚里士多德（Aristotle）最早对社群主义思想进行了阐发，认为社群是以共同善业为基础而建构的社会关系或团体。此后，学者对社群的研究不再局限于共同的"善业"，而是将社群的基本特征界定为凝聚群体成员的"自然意志"。如斐迪南·滕尼斯（Ferdinand Tönnies）在其《共同体与社会》中指出，社群是以情感、记忆、共同习惯或血缘、地缘等自然意志为基础，形成诸如家庭、村落、乡镇等社会有机体。[2] 也有学者认为，社群不仅依赖于自然意志建构的有机体，亦可以依托人的意识进行主动建构。在麦基弗（R.M. MacIver）看来，共同的善和共同利益是社群形成的核心特征。社群能够通过鼓励共同的善，引导形成共同的利益诉求，而被有意识地建构出来。[3]

桑德尔（Michael Sandel）在承认社群的情感属性、工具属性基础上，特别强调了社群的构成性问题。他将社群划分为工具意义上的社群（the instrumental conception of community）、情感意义上的社群（the sentimental

---

① 杨立华，陈一帆，周志忍."公共均衡与非均衡"冲突新理论［J］.中国社会科学，2019（11）：104–126.

② Tönnies F. Gemeinschaft und Gesellschaft［M］. Leipzig：Fues's Verlag，1887：173.

③ MacIver R M. Community, A Sociological Study［M］. NewYork：The Macmillan Company，1917：108–110.

conception of community）和构成意义上的社群（the constitutive conception of community）。其中，社群的构成性问题是对既有社群概念的一大拓展，其将社群的概念从一般性的社会团体概念中剥离出来。① 在他看来，社群对其成员属性有一种标识意义，提供了一种思考和行动的基本标准和生活背景。丹尼尔·贝尔（Daniel Bell）从实体和精神层面对社群进行理解，他以地理、心理和记忆为基础对社群进行了划分。② 其中，地理，是指实体层面的共同活动地域；记忆，是指共同的文化背景，如语言、道德、历史经验等；心理，是指群体成员在精神层面所拥有的共同心理体验。戴维·米勒（David Miller）在以往研究的基础上，突出强调了社群在更高心理层面的共有属性，也即信仰在社群建构中的必要性问题。③ 我国在政治哲学领域对社群概念的讨论相对较少，姚大志在强调社群共有情感和共享信念的基础上，指出社群所建构的共同体需要具备维护、实现群体成员自我认同的条件和基础。不具有凝聚基础和凝聚力的群体，便不能称为社群。④ 按其定义，社群的范畴可以被划分为以国家为代表的宏观社群和以家庭、社区为代表的微观社群。

尽管不同学者对社群的定义有所区别，但基本上将社群解释为一个具有共同价值、目标和行为规范的实体。社群不仅是一个人群集合上的概念，也是基于共同地域、文化、种族等多个向度的整体意义上的概念，其既可以是自然形成的，也可以是人为建构的具有标识作用的共同体。在此意义上，社群尽管有其界定的标准和原则，但基本上可以覆盖小到家庭、社区，大到民族、国家等较大的范围，具有边界模糊的特性。

新社群主义最先将社群治理纳入公共政策与社会治理领域，突出强调了社会群体在参与公共事务、维护群体利益、推动公共政策向符合社群意志的

---

① Sandel M J. Liberalism and the Limits of Justice [M]. Cambridge：Cambridge University Press，1982：150–155.

② Bell D. The Coming of Post–Industrial Society：A Venture in Social Forecasting [M]. New York：Basic Books，1973：167–170.

③ Miller D. On Nationality [M]. Oxford：Clarendon Press，1995：81–83.

④ 姚大志.何谓正义：自由主义、社群主义和其他 [J]. 吉林大学社会科学学报，2008（01）：45–51.

方向转化中的价值与作用。诸多新社群主义学者对社群的定义有以下几个共同的特征：其一，理念认同性。社群内部成员拥有对其所属群体的文化认同，拥有共享的价值观、目标和意义。其二，情感联结性。以情感为纽带建构而成的社会关系网络。其三，价值共享性。新社群主义更加强调社群之间价值的共享性，新社群主义倡导的共享价值是不同社群共同认可的核心价值或共同遵从的信仰，以此区别于仅从属于社群内部的特有的目标追求。其四，诉求回应性。不同于以往社群思想中的强权威性与弱回应性，新社群主义倡导的社群内部成员的利益诉求和成员的个体权利能够得到社群的积极保障。其五，边界开放性。新社群主义承认社群成员的多重身份，每个个体既有可能是某一社群的成员，也有可能是其他社群的成员，具有开放性特征。其六，自治性。社群治理是在没有党政干预的情况下，群体成员自发建构的组织规范和行为模式。由此可见，在西方新社群主义话语体系下，社群可以被理解为：非国家行动者以群体内部成员所共有的情感、文化与价值观为基础，在遵从社群目标与规范并满足个体诉求的同时，自发建构起来的具有一定组织结构、制度规范与协调模式的社会行动体。

近年来，社群在国内公共治理领域的形态和作用吸引了越来越多研究者的关注。有学者指出，在当前新业态快速发展、移动互联网广泛嵌入社会生活的背景下，由社会群体所推动的公共政策创新渠道，已经不局限于线下组织形式，而是扩展到线上组织形式。[①] 这一社群形态是以互联网为中介进行交流、对话、观点碰撞而建立起来的虚拟的空间环境，拥有相似兴趣与共同需求的个体，运用商业化的信息共享平台与具有相似想法的人分享类似于现实社区的感觉，依托网络互动营造新型的话语聚合空间。在这一新型的社群组织模式中，相对弱化了共同体中的"信仰"和"情感"因素，突出了社群成员共同关注的"事件"或"特情"。尽管以互联网为媒介的社群成员交互方式具有松散性，但线上与线下社群之间联系紧密，在虚实转换中存在较强的相

---

① 闵学勤，李少茜. 社群社会视角下的在线基层治理研究 [J]. 河南社会科学，2017，25（11）：114–118.

关性。① 也有学者将社群的概念置于社群治理的逻辑中进行辨析。在其看来，社群治理等同于社群自发协调、内在建构的正式或非正式的"自我治理"模式，以民间正式或非正式组织的形态为主要特征。因而，以社群治理的规范程度为标准，社群行动的主体可以是规范化程度较高的民间组织，也可以是规范程度较低但有相应的社会关系联结的联盟等。② 因而，社会治理中的具有代表性的社群一般表现为具有正式规则约束力的法人、协会或者组织相对松散的网络或联盟。

一、中国传统社会中的社群思想

人类社会中的群体行为具有脱胎于图腾、神话、巫术三维结构所定义的社会初始秩序的痕迹。早在先民时代，图腾作为一种集体性格或集体行为的象征物，在表征集体行动逻辑的同时，也塑造着集体内部成员所拥有和正在追求的精神空间与物质世界，也即在以实在物或想象物作为标示群体的自我属性记号中，已蕴含了关于"自我群"的信仰的独特性，和"自我群"与"他我群"信仰间差异性概念的理解。特别是在重视血缘、地缘关系，并以此作为建构国家和社会秩序重要基础的古代中国，图腾在特定社会群体的象征意义上表现得更为显著。据《甲骨文所见氏族及其制度》中的考证，中国上古时期拥有以自然物和人为创造物为图腾的氏族有两百多个。③ 如阿尔泰语系诸族对鹿的崇拜，红山诸文化对鸟的尊崇，党项羌人对猕猴的遵奉，蒙古族先民对鹰、隼的信奉，以及《华阳国志·南中志》《后汉书》中所录古夜郎人将竹尊为神物等。④ 先民对图腾的拜望和对图腾所蕴含的力量的笃信，是原始群落中应对外来风险、强化群体存续能力、实现个体力量聚合的心理基础，也是在生产力极不发达、地域相对封闭、社会意识极度蒙昧的时代，群体成员

---

① 边燕杰，缪晓雷.论社会网络虚实转换的双重动力 [J].社会，2019（6）：1-22.

② 顾昕.新中国70年医疗政策的大转型：走向行政、市场与社群治理的互补嵌入性 [J].中国医疗保险，2019（10）：38；彭云，韩鑫，顾昕.社会扶贫中多方协作的互动式治理：一个乡村创客项目的案例研究 [J].河北学刊，2019（3）：166-177.

③ 丁山.甲骨文所见氏族及其制度 [M].北京：中华书局，1988：4.

④ 袁珂.中国古代神话 [M].北京：中华书局，1981.

所共同拥有和敬畏的文化标的物。而这些文化标的物意义的被建构和被相信，恰恰成为群体心理认同产生和维系的基础。

　　先民之所以对图腾这一"信物"心生敬畏，不仅在于图腾符号本身的标的物属性，更在于与"信物"相伴生的"信事"等非人为所能控制"超感觉的"力量的人格化，或非人格化或者超人格化的敬畏和恐惧，其中的超感觉对人产生的内在控制力，即为神话与巫术的力量。不仅一些存在着和发生着的东西和事件现在在生活中起着某种作用，而且这类东西和事件还具有某种"预示"，正是因为它们具有某种"预示"，才在生活中发挥作用，这样一来，巫术就从一种直接的力量变为一种象征。① 已由学者研究表明，看似充满未知的神话与巫术却蕴含着群体生存和发展所必需的内在自信与外部约束力量。先民在巨大的生存压力下，自信借助某种力量可以进行有效的应对，而当这种力量奏效，或者在群体中达成"可以为真"的共识时，便产生了能够左右个体心灵的迷信力量，这种迷信的力量进一步构成了对个体行为的外部约束。从历史上的神话与巫术的演变过程来看，经典的神话故事与巫术表达往往有着一套复杂且"规范化"的叙事逻辑和操作程序。神话中的情节、巫术中的"仪式""法式"，甚至是服装、配饰，都在有形的器物与无形的信仰中构建了一种群体性的规约力量。尽管神话与巫术折射出先民在未知且强大的自然力下的自我禁锢和心灵的不自由，但在提振群体信心、巩固共同体意识、建构集体生存秩序中产生着无可替代的作用。

　　伴随着部族的衰落和国家的兴起，仅仅依托原始的未知力量已不足以对新的社会共同体进行维系。以血缘为纽带的组织关系的建立，为群体秩序的巩固和发展带来了新的机遇。早在西周时期，在血缘关系的基础上群体即已建立了严密的等级秩序。"小史掌邦国之志，奠系世，辨昭穆。"② 其中"昭穆"即西周时期以血缘关系的亲疏对族群中的等级秩序进行规定的制度。其涵盖群体中个体在祭祀典仪上的位次排列和身份的排序，族群中宗庙的序列和族姓世系的层级，以及由于不同个体在族群中位置的不同，墓葬规格等级的差

---

① 韦伯.经济与社会：上卷［M］.林荣远，译.北京：商务印书馆，1997：458.

② 左丘明.左传·昭公二十九年［M］.上海：上海古籍出版社，2014：150.

别规定等。昭穆制度是以血缘关系为基础，将群体活动领域中的各项事务，如地位、世系、婚姻、墓葬、祭祀等各类关系进行类化、层次化排列的制度规范。由此，中国古代的群体意识和群体行动边界的划分在不完全依赖于"信物"和"信事"的约束中，转向了以可知物为核心的制度规约范畴。

此后，随着社会关系的多样化和复杂化，除血缘，以地缘、学缘、业缘为基础的群体在社会发展过程中逐渐衍生出来。社会群体所赖以维系的纽带更为多样化，而以此为核心的社会群体管理和规范也得以建构起来。从秦孝公时期的商鞅变法起出现的"连坐制度"即可见一斑，其是在对社会中个体所具备的群体属性认定的基础上推行的社会群体管理制度，"令民为什伍，而相收司连坐"，其目的在于"重刑而连其罪，则褊急之民不斗，很刚之民不讼，怠惰之民不游，费资之民不作，巧谀、恶心之民无变也"[①]。连坐制度覆盖家庭、亲族、地域、职务等多重"关系"，而这一制度标志着在社会管理领域，管理者已不再仅仅将管理对象视为独立的个人，而是在承认个体所具有的群体属性的同时，对个体和群体行为进行的双重约束。与此同时，在这一规则的框架下，也促成以家庭、亲族、地域、职务为纽带的群体成员实现自律与自我约束。

就中国古代社会群体建构的基础而言，既有国家对社会群体的主动建构，也有民间自发形成的社群。其中，国家权力成为间接引导社会群体形成群体自觉的重要外在力量。以保甲制度为例，清朝乾隆年间对以地缘为基础的群体行为进行了详尽的制度化规定："省所属每户岁给门牌，牌长、甲长三年更代，保长一年更代。凡甲内有盗窃、邪教、赌博、赌具、窝逃、奸拐、私铸、私销、私盐、踂曲、贩卖硝磺，并私立名色敛财聚会等事，及面生可疑之徒，责令专司查报。"[②]该制度是国家主导的社会群体的组合形式，区别于依托观念和信仰自然生成的社会群体。在国家强制力量的干预下，邻里互助关系、邻里互促关系不仅成为实现社会管制的手段，更近一步演变为深化地缘共同体关系的重要关系网。在传统社会由民间建构起来的组织则从属于国家权力边

① 商鞅.商君书·垦令［M］.石磊，注.北京：中华书局，2009：29.
② 赵尔巽.清史稿·志·卷七十五［M］.北京：中华书局，1976：1766.

缘之外的空间与组织，其生存与发展空间的大小往往受限于国家的权力管控边界。① 古代商帮的产生和发展是在国家对商业管制相对宽松的政策空间中民间自发形成的社会群体的典型代表。其以"互助、互利"为宗旨，以地缘、业缘以及在交往中产生的乡情、友情、道义、利义为基础，自发形成的商人社群。尽管地域性的商帮作为一种松散的社会群体，并未得到官方的正式认可，但其通过办商会，修建祠堂、膳堂、义庄等各类活动场所，为联结商人群体间的关系，探索有效的商人群体组织形式提供了范例。

然而，无论是依托国家力量还是依赖于民间自发力量生长的社会群体，即使是在群体建构之初，以单一关系属性对群体进行划分，社会成员仍然会在新的群体关系中自然派生更为复杂且相互交织的关系，在商帮的演化过程中，并非单纯的依赖业缘，而是在群体演化的过程中逐渐仰赖于更加复杂的关系纽带。据《华夏商魂：中国十大商帮》对中国影响较大的商帮的发展和各帮派之间的依赖关系的研究所载，东山席氏和沈氏家族之间的联姻推动业务扩展，明朝陕西泾阳张氏、西安申氏依托宗亲的地域迁移，进行商业规模得到扩展。② 因而，社会群体一旦建立，其内部关系的延展性同时发挥作用，在单一的群体关系中不断派生出更为多样且相互交织的关系纽带。群体内部多重依赖关系的建立和完善，成为古代社会实现社群内部治理、维护和巩固社会秩序的基础。

二、西方理论谱系中的社群思想

西方话语体系中的"社群"这一概念最早出现于亚里士多德在古希腊哲学中的论述，此后出现的"社群主义"是在对新自由主义的批判中建立并发展起来的，而新自由主义又建立在功利主义的基础之上。没有对社群主义兴起的历史根源进行考察，也就无法真正厘清社群主义思想的意义和价值。因此有必要从其所属的政治哲学范畴出发，对功利主义、新自由主义、社群主

① 林尚立.民间组织的政治意义：社会建构方式转型与执政逻辑调整［J］.云南行政学院学报，2007（1）：4–8.

② 王贤辉.华夏商魂：中国十大商帮［M］.北京：航空工业出版社，2006：81.

义以及新社群主义这一思想脉络进行概要性的梳理。

19世纪末20世纪初，功利主义作为西方自由主义的主要形态，占据了西方政治哲学的主流地位。其主要代表人物边沁（Jeremy Bentham）于1789年发表的《道德与立法原理导论》一书对功利主义的核心思想进行了系统阐述。在他看来，功利原则是判断个体行为正当与否的主要标准，人类所追求的目标即为善大于恶，但边沁所指的善与恶与我们通常而言的善行和恶性的内涵具有较大差异。他认为的善与恶是快乐与痛苦的同义词。当人所获得的快乐大于其所承受的痛苦时，即是善的，仅有快乐且并不需要承担痛苦时，便达到了至善。由于个人利益是公共利益的组成部分，因而，当每个人在追求个人的善的同时，公共的善也能够得到增进，离开了个体的善，公共利益也会失去其存在的基础。作为公共利益维护者的政府，其主要的任务是通过为社会上的大多数人谋取利益，保障和促进个人利益的实现。①因而，在早期的功利主义思想中，个人利益被推上了至高的地位。但边沁对善的简单定义与对个人绝对自由的论述遭到了学界的批评。其后继者约翰·密尔（John S. Mill）对边沁的功利主义进行了进一步的修正和完善。密尔承认只有当社会中每个个体生活幸福、个性得到发展时，社会的价值才能够得到最大程度的实现。政府的主要目的也在于尊重并保障个人的自由和权益不受侵犯，但密尔在极力倡导个人自由的同时，认为不加限制、绝对的个人自由不利于社会秩序的发展，且有损个人利益的实现，因而，有必要对损害他人的行为进行约束。②然而，密尔所谓的对个人行为的约束，仍然建立在对个人思想独立且不受控制的自由主义逻辑基础之上。他所倡导对个人的约束只局限于对侵犯他人权利行为的管制和约束。尽管密尔对早期的功利主义进行了部分修正，但遭到了迈克·桑德尔、阿拉斯代尔·麦金泰尔（Alasdair C. MacIntyre）、康德（Immanuel Kant）等人的反对。他们认为，自由主义的原则无法保证个人自由利益的实现，且在公共生活中极易导致大多数人与少部分人力量的失衡，其

---

① 边沁.道德与立法原理导论［M］.时殷弘，译.北京：商务印书馆，2000.

② MILL J S. On Liberty in Three Essays［M］. Oxford：Oxford University Press，1975.

结果必然对少数人的自由产生排斥，难以保证部分人利益的实现不会损害其他人的利益，因而极易产生不正义、不公平的结果。这与其所倡导的每个人权利自由且不受侵犯的逻辑相矛盾，因而功利主义并不能够维护个人自由，反而是在摧毁其所建构的自由原则。

罗尔斯（John B. Rawls）等人在对传统的功利主义思想批判的过程中逐渐发展出了新自由主义理论。1971年，约翰·罗尔斯的《正义论》一书继承了康德的自由主义哲学思想，对个人的权利、分配正义的问题进行了新的思考。罗尔斯在该书中提出了正义的两项原则，其一是作为公平的正义，该原则认为在人的初始状态，人人自由而平等，如果自己的自由与其他人的自由不相矛盾，那么每个人的自由应当得到尊重和保护，这一原则即平等自由原则。其二是机会公平与差别原则，该原则是指如果在社会不平等不可避免的情况下，至少应当遵从最少受惠者利益最大化，和在机会公平条件下各种职位与地位应当向所有人开放的原则。① 其所涉及的原则遵从一种"词典序列"，即平等自由原则居于优先地位，机会公平又优先于差别原则，差别是建立在个人获得权利和机会公平之上的差别，因而罗尔斯在"程序正义—机会平等—结果正义"的有机链条上所建构的分配正义是一种基于机会平等的分配正义。② 这一正义原则反映了将公平、正义以及个人权利置于重要且优先的地位，公民在机会平等、开放的社会框架下追求自己目标的新自由主义思想。此后，罗纳德·德沃金（Ronald M. Dworkin）、罗伯特·诺齐克（Robert Nozick）等人对新自由主义思想进行了进一步阐发。这些研究者均摒弃了以功利为基础的问题分析方法，而是以个人权利为基础来对社会问题进行分析。20世纪70年代，新自由主义成为政治哲学中的主流思想。

20世纪80年代，以遵从群体共同价值、承担群体责任为核心的社群主义的崛起，对以个人利益为中心的新自由主义思想形成了有力的冲击。然而，关于"社群"与"个人"之间的对垒并非从20世纪80年代开始。社群主义思

---

① 罗尔斯.正义论［M］.何怀宏，何包钢，廖申白，译.北京：中国社会科学出版社，2009.

② 李怀瑞.制度何以失灵？：多重逻辑下的捐献器官分配正义研究［J］.社会学研究，2020，35（1）：170–193；周谨平.基于机会平等的分配正义［J］.伦理学研究，2011（2）：54–59.

想的发展历程大致分为三个阶段：第一阶段，初始社群理念时期（亚里士多德时代至20世纪60年代），初始阶段的社群概念最早可以追溯到亚里士多德、柏拉图在政治哲学领域的研究。此后，在19世纪末，德国学者斐迪南·滕尼斯《共同体与社会》对基于自然意志社群与基于理性建构的社团意志的概念进行了辨析；20世纪初，麦基弗对社群概念进行了扩大化的论述，即只要是基于共同的价值或利益建构的群体均可以被称为社群，而不再对是基于自然意志还是理性意志进行区分。第二阶段（20世纪80年代），以华尔采（M. Valtzer）、泰勒（Charles Taylor）、麦金泰尔等学者为首的强调社群责任、社群优先为基础的理论建构阶段。第三阶段，由政治哲学向社群治理的转向阶段（20世纪90年代），由阿米泰·埃兹奥尼（Amitai Etzioni）、塞尔兹尼克（Philip Selznick）等学者倡导的将社群主义思想引入社会治理与公共政策分析领域的研究。① 以下对第二阶段与第三阶段的社群主义思想脉络进行概述。

　　20世纪80年代，西方学术界掀起的新一轮的社群主义思潮从个人与社群的关系层面建构的理论体系继承了早期社群思想的精髓，同时形成了更为完整的理论体系。在20世纪80年代兴起的社群主义研究中，不同的社群主义者对社群的定义不尽相同，但就整体而言，社群被认为是具有共同信仰与目标、遵从共同约定的行为规范、拥有类属性特征的社会群体。换言之，社群并非单纯个体的集合，而是由一系列内在的价值、约定关系、共同记忆、共同心理或共同地域建构而成的行为共同体。在个人与社群的关系方面，华尔采、泰勒等人认为，个人总是从属于一定的社群，每个个体的特征必然与其所从属的群体价值取向、利益诉求相关。个人的价值、权利、目标、观念等均是以社会中的群体生活为基础的。② 个体均依赖于社群所建构的意义，而非自我天然生成关于价值、目标、权利的概念，因而也就不存在独立于社会的个人利益。离开了群体而抽象谈个人权利并无意义，个人的权利和自由只有从社群文化及制度的改进中才能够实现。

---

① 俞可平.社群主义［M］.北京：中国社会科学出版社，1998.

② GALSTON W. Community, Democracy, Philosophy: The Political Thought of Michael Walzer［J］. Political Theory, 1989（2）.

社群主义代表人物麦金泰尔先后发表《伦理学简史》[①]《德性之后》《谁之正义？何种合理性？》[②]《第一原理、终极目的与当代哲学问题》等著作。在其重量级的思想作品中对新自由主义进行了有力抨击。在他看来，社群的文化与环境，甚至是个体所属的种族，形塑了社群中个体的叙事方式与行为方式，只有将个人置于其所从属的社群中，个体才能更好地理解他自己。就社群主义而言，中立性是不可能也不存在的。任何理论与实践行为都受到社会条件与历史条件的规约，且无法摆脱这一情境的约束。[③] 社群主义在强调社群重要性的同时，也推崇个体的自主性，承认个体行为并不是消极的，其作为活动的主体拥有自己的价值判断与价值选择。

但社群主义所强调的个体自主性是在整个社会的叙事方式影响下个体拥有的自主性。因而，在该时期的社群主义学派看来，社群的优先性要高于个人，其将社会中个体的行为、社会各类事件发生的原始动力归结为诸如家庭、社区、团体等社群。然而，这一时期的社群主义思想从自由主义过分崇尚个人权利的极端，转向了过度推崇个人对群体的责任与义务的另一个极端，个体的权利和自由未得到应有的尊重。在学术论证方面，其所倡导的社群思想仍然停留在政治哲学领域个体与群体关系思辨的范畴，并非直接作用于社会治理实践，因而仍存在较大的局限性。

社群主义从学院派的政治哲学思辨转向社会治理与公共政策分析领域，是在20世纪90年代美国学术界为应对个体权利意识膨胀、市场逐利思想泛滥、社会成员责任感匮乏、社会失序，进而失于对人性和公共道德关照的现实困境后。[④] 事实上，20世纪60年代，促使美国社会分化的各类因素已逐步累积，各种民间运动此起彼伏，如种族冲突、民权运动、反越战大规模抗议行动等极大地削弱了美国的社群意识。个人主义、个体权利、个人意识以及自由至上等思想已经演变为美国社会当时的主流价值观，甚至成为美国政界

---

① MACLNTYRE A. A Short History of Ethics［M］. London：Routledge，1967.

② MACLNTYRE A. Whose Justice？ Which Rationality？［M］. London：Duckworth，1988.

③ ANNAS J. Maclntyre on Traditions［J］. Philosophy and Public Affairs，1989（4）.

④ 塞尔兹尼克. 社群主义的说服力［M］. 马洪，李清伟，译. 上海：上海世纪出版集团，2009：3.

所推崇的核心意识形态。在此背景下，美国的学术界逐渐注意到个人主义的过度泛滥不仅不利于社会秩序的建立，反而会触发市民社会的分崩离析[①]，因而，关注社群价值和公民责任与义务的新社群主义在公共治理领域逐渐兴起。

　　新社群主义力图以关照社会现实的社群机制来与以行政机制为主的国家主义和以市场机制为主导的新自由主义相抗衡，其不仅关注社会热点问题，而且在社会实践领域积极开展实践活动，同时通过建立智库，展开公共政策分析。[②] 20世纪90年代初，来自美国社会学、政治哲学与伦理学领域的15位专家学者在华盛顿共同发表了《回应性社群：权利与责任》（*The Responsive Community: Rights and Responsibilities*），试图以此为契机重建社会秩序，推动社会治理能力的提升。这一关于个人权利与社会责任宣言的发表，标志着社群主义思想的再度崛起，但该时期的社群主义与以往囿于政治哲学领域的思想探讨有较大不同，其开辟了一条治理社会、经济与政治生活的中间道路，实现了从思想范畴向社会治理范畴的转型，因而被称为新社群主义或政治社群主义，以区别于以往政治哲学领域的哲学社群主义。新社群主义在西方的学术界引起了较大的轰动，其代表人物塞尔兹尼克的《社群主义的说服力》（*The Communitarian Persuasion*）和罗伯特·贝拉的《心灵的习性：美国人生活中的个人主义和公共责任》（*Habits of the heart: individualism and commitment in American life*）以及阿米泰·埃弦奥尼先后出版的《社群精神：权利、责任和社群议程》（*The Spirit of Community: Rights, Responsibilities and the Communitarian Agenda*）、《道德的维度：迈向新的经济学》（*The Moral Dimension: Toward a New Economics*）、《新黄金规则：民主社会中的社群与道德》（*The New Golden Rule: Community and Morality in a Democratic Society*）、《从帝国到社群》（*From Empire to Community：A New Approach to International Relations*）等著作，埃兹奥尼于1991年主办的关于新社群主义的政策刊物《回应性社群：

---

① 姚大志.正义与善［M］.北京：人民出版社，2014：226.

② SIMON P. From Organisational Theory to the New Communitarianism of Amitai Etzioni［J］. Canadian Journal of Sociology，2002（1）：69-81.

权利与责任》(*The Responsive Community: Rights and Responsibilities*)。新社群主义在价值观层面力图弘扬群体道德和群体义务，在方法论上主张运用社群和群体理性来超越以往的个人主义分析方式，而在社群机制与其他公共治理机制的关系层面，社群作用能力和意义的同时，并不排斥市场与行政机制的功能和作用，同时反对小政府或国家收缩理论，反而承认并力图发挥国家在引导和激活社群机制中的角色和价值。①

第四节　分析框架建构

一、分析框架建构方法与应用

20世纪60年代，社会科学研究者巴尼·格拉泽（Barney Claser）与安塞尔姆·施特劳斯（Anselm Strauss）在对早期的质性研究策略进行改进的基础上，吸纳了当时具有广泛影响力的芝加哥学派的实用主义研究方法以及哥伦比亚大学的实证主义研究方法精髓，提出了扎根理论方法。该方法是以质性资料的收集、归纳分析为基础，通过多级概念的提取，最终建构理论框架的研究方法。②巴尼·格拉泽与安塞尔姆·施特劳斯在其《发现扎根理论：质性研究的策略》一书中，对该理论的内在逻辑与具体操作办法进行了介绍。③其所倡导的在质性数据中发掘理论的研究理路得到了社会学研究者的广泛认同。格拉泽在其另一部方法学研究著作《理论敏感性》中对扎根理论所运用的编码方法及原则进行了更为详细的阐述，同时也将扎根理论置于经验主义的研究范畴，突出强调生成的发现和类似于量化研究方法但具有相对模糊性的统

---

① 塞尔兹尼克．社群主义的说服力［M］．马洪，李清伟，译．上海：上海世纪出版集团，2009.

② GLASER B, STRAUSS A. The Discovery of Grounded Theory: Strategies for Qualitative Research［M］. Chicago: Aldine Publishing Company, 1967.

③ GLASER B, STRAUSS A. The Discovery of Grounded Theory: Strategies for Qualitative Research［M］. Chicago: Aldine Publishing Company, 1967.

计原理。[①] 由此，其在社会学研究领域中的适用性与精确性得到了进一步的巩固与提升。

伴随着扎根理论本身的日益完善以及在诸多的社会学研究议题上适用性的不断增强，扎根理论受到了社会科学研究者的推崇。国外学者已将该方法运用到了诸多公共事务领域，如能源资源[②]、教育发展[③]、经济管理[④]、社会心理[⑤]等。我国研究者同样对该研究方法给予了高度关注。在方法引介和运用上呈现显著增长势头。如在方法的评价层面，景怀斌对扎根理论核心要素的分析[⑥]，费小冬对该方法的要素、程序以及评价标准的介绍[⑦]，以及丁鹏飞、迟考勋等人对规范化的扎根理论操作思路的解析[⑧]等；在实际运用方面，则被广泛运用于医疗卫生[⑨]、精准扶贫[⑩]、群体性事件治理[⑪]、公共服务供给[⑫]、金融风险监

① GLASER B. Theoretical Sensitivity [M]. Mill Valley, CA：The Sociology Press, 1978.

② HERNANDEZ D. Understanding "Energy Insecurity" and Why It Matters to Health [J]. Social Science & Medicine, 2016, 167：1–10.

③ SMITH M R, GREALISH L, HENDERSON S. Shaping a Valued Learning Journey：Student Satisfaction with Learning in Undergraduate Nursing Programs, A Grounded Theory Study [J]. Nurse Education Today, 2018（64）：175–179.

④ XU P, XU X, SU J. The Legitimacy Acquisition Mechanism of First–Moving Enterprise under the Background of Industrial Change：A Case Study of State Grid Corporation of China Based on Grounded Theory [J]. Economic Management, 2017（11）：1–9.

⑤ WALKER C, BAXTER J, OUELLETTE D. Adding Insult to Injury：The Development of Psychosocial Stress in Ontario Wind Turbine Communities [J]. Social Science & Medicine, 2015, 133：358–365.

⑥ 景怀斌 . 扎根理论编码的"理论鸿沟"及"类故理"跨越 [J]. 武汉大学学报（哲学社会科学版），2017（6）：109–119.

⑦ 费小冬 . 扎根理论研究方法论：要素、研究程序和评判标准 [J]. 公共行政评论，2008（3）：23–43.

⑧ 丁鹏飞，迟考勋，孙大超 . 管理创新研究中经典探索性研究方法的操作思路：案例研究与扎根理论研究 [J]. 科技管理研究，2012（17）：229–232.

⑨ 王英伟 . 医闹行为的归因模型构建及干预路径选择：基于扎根理论的多案例研究 [J]. 公共行政评论，2018, 11（6）：68–86.

⑩ 袁树卓，等 . 精准扶贫中贫困的瞄准偏离研究：基于扎根理论的内蒙古 Z 县建档立卡案例 [J]. 公共管理学报，2018（4）：1–18.

⑪ 李理 . 基于扎根理论的网络事件信任传递机制研究：以罗尔事件为例 [J]. 全球传媒学刊，2018（1）：39–52.

⑫ 贾旭东 . 中国城市基层政府公共服务职能的不完全外包及其动因：基于扎根理论的研究发现 [J]. 管理学报，2011（12）：1762–1771.

管①、企业服务质量②、市场主体行为动因③以及城市发展④等多个领域，反映了扎根理论在不同社会学科的广泛适用性。

二、案例筛选原则与案例选取

（一）案例选取原则

由于本书主要运用了扎根理论与定性比较分析方法，因而在案例样本的选取过程中应同时遵从两类研究方法在案例选取中的基本原则。备选案例的多样性和典型性是扎根理论方法对备选案例的基本要求，这也是扎根理论归纳性研究思路展开的前提和重要基础。⑤具有典型性的案例素材有助于提升研究结论的可信度与解释力，而多样性的案例则有利于兼顾社会问题的多面性与复杂性，使基于此建构的理论框架更具概括性。⑥此外，定性比较研究方法要求在案例选取中考虑并遵从两个原则，即所选案例应具有一定的多样性和可比性。可比性主要是指不同的案例在某一方面或特定的维度上具有相类似的背景特征。在中小规模的案例中通常以事件类型的相似性作为案例筛选的主要依据，而多样性主要是指，不同的案例应当涵盖多个具体议题，而非个别议题，涵盖不同方向的事件，而非单向事件。

基于上述样本选取原则，结合群体性事件治理中政府政策工具选择的核心特质，本书制定了以下案例筛选标准：（1）所选群体性事件均完成了一个

---

① 高华，王晓洁.基于扎根理论的 BT 债务风险因素识别研究［J］.财会通讯，2017（17）：96-99.

② 任其亮，赵子玉.基于扎根理论的网络约车服务质量影响因素研究［J］.重庆交通大学学报（自然科学版），2018（11）：1-8.

③ 常亮.消费者参与共享经济的行为归因和干预路径：基于扎根理论的分析框架［J］.贵州社会科学，2017（8）：89-95.

④ 郭鹏飞，周英男.基于扎根理论的中国城市绿色转型政策评价指标提取及建构研究［J］.管理评论，2018（8）：257-267.

⑤ MOM T J M, VANDENBOSCH F A J, VOLBERDAH W. Understanding Variation in Managers Ambidexterity: Investigating Direct and Interaction Effects of Formal Structural and Personal Coordination Mechanisms［J］. Organization Science，2009（4）：812-828.

⑥ 黄振辉.多案例与单案例研究的差异与进路安排：理论探讨与实例分析［J］.管理案例研究与评论，2010（2）：183-188.

决策周期，地方政府已经对该群体性事件进行了相应的政策工具选择，同时这一选择具备相当的稳定性，而非临时性决策；（2）以群体性事件的基本特征为基础，对案例进行复制，以增强案例间的可比性；（3）所选群体性事件尽可能覆盖多种群体冲突事件，以在反映不同案例可比性的基础上，避免被选案例出现类型局狭；（4）确保每个案例具有充足的资料支撑，在与案例相关的文字数量上，单个案例的记录性文字不少于1万字，且与每个案例直接相关文本个数不少于10个，以此来还原更多的案例细节，为辨识影响群体性事件治理中政府政策工具选择的关键要素提供必要的文本基础。在该标准下，共选取了23个群体性事件案例。其中案例资料主要源于媒体报道、民众诉求陈述记录、政务公开平台、政府回应文本、学术论文、微博、微信、贴吧等。尽管这23个被选案例具有相当丰富的案例素材，但为对案例中事件当事人的心理与行为进行更为深入的考察，依然有必要对事件中的当事人进行一定的访谈。考虑到案例事件多距今相对较久，且案例数量较多，访谈的难度较大，因而按照案例的当事人可追溯性和面临的实际状况，选择部分具有访问可行性的案例对当事人进行了沟通交流，实际访问人数共89人，平均每人有效访谈时长至少25分钟，由此，使得本研究具备了丰富的二手素材与必要的一手材料支撑。

（二）典型案例

本书选取了23个典型案例，以其中20个案例为数据源，进行概念提取和模型构建，以另外3个为对象对理论饱和度与模型的合理性进行检验。

表2-1　典型案例

编码	案例名称	年份	案例说明
1	L市花卉市场事件	2019	L市花卉市场商户对政府提出的拆迁要求不满进行抗议
2	S市钼铜事件	2012	市民反对钼铜项目建设，最终演化为群体性事件
3	MN芳烃项目事件	2014	部分反对芳烃项目的民众在市政府前集聚并破坏公共设施

编码	案例名称	年份	案例说明
4	J市陶瓷厂工人讨薪事件	2015	2015年4月16日,某陶瓷厂被爆出债欠薪被数十名供应商围堵厂门后,4月26日再次发生员工讨薪事件
5	X市群租房事件	2017	X市火灾造成多人受伤。当地政法部门大力清理群租房,事件在媒体上反响较大,声援群租房群体的网民急剧增加,但未向不良方向发酵
6	C市工人因薪上访事件	2011	在C市工作的熊某在向老板索要拖欠的工资过程中,与老板发生争执,并被对方指派手下重伤。熊某家属及外地工人因不满当地政府处理结果聚集抗议
7	L市中小学教职工讨薪事件	2018	L市部分教师向当地主管部门讨要被拖欠工资,被拒后与政府工作人员发生争执
8	WZ事件	2004	2004年10月18日,W市Z区搬运工余某在搬运货物过程中,碰到其身后的曾某,引起曾某恶意辱骂。有人乘机散布谣言,促使矛盾激化,引发了民众抗议活动
9	RT出租车与专车冲突事件	2016	2016年6月3日,RT市区百余辆出租车与专车司机发生对峙
10	SW事件	2012	2012年6月25日,G省SW镇一名本地少年与一名川籍少年发生冲突,因安保人员对事件处置不当,事件扩大化
11	S市高新区事件	2010	2010年7月14日,S市高新区动迁户向当地政府领导索要动迁补偿款遭拒,封堵道路,与安保人员发生冲突并引发当地政府高度重视
12	K市发电站建设事件	2012	民众通过上访、网上声讨等方式反对在K市建设发电站,但该项目在不断科普、修正补偿办法下渐近推进
13	D市硅橡胶厂工人讨薪事件	2015	2015年5月9日,D市硅橡胶制品有限公司倒闭,老板拖欠工人两个月工资后下落不明,较多名工人发起维权行动
14	Z市"6·11"事件	2011	2011年6月10日晚,王某因占道经营,阻塞通道,Z市城管工作人员在处置占道经营问题中与王某发生冲突,引发群众围观

编码	案例名称	年份	案例说明
15	QH 事件	2009	2009年6月17日至6月20日，Q市H区某酒店厨师涂某非正常死亡。发起骚乱者在事件缘由上的看法与官方通报结果相悖，出现民众围堵道路现象
16	H核电站事件	2014	H核电站项目规划过程中，网络上出现了较多恐核留言，引起当地居民恐慌和对核电站建设项目的抗议，但未发生严重冲突
17	WA 事件	2008	2008年6月28日，W省A中学学生李某过世，其家属与家属支持者对李某死因鉴定结果不满，聚集到A县政府和县公安局上访
18	Z市出租车滋事事件	2015	2015年5月，Z市的出租车司机向滴滴专车开战。一辆滴滴专车被多辆出租车司机围堵，同时在事件中表达了对当地专车监管力度不足的不满
19	S市民反对建设磁悬浮延长线事件	2008	大量的S市民众在广场聚集，反对磁悬浮延长线建设
20	DP 事件	2017	DP景区被指存在的酒店价格欺诈、服务人员态度恶劣、部分商品价格离谱等市场乱象，在网络上曝光后，引发了网络声援行动
21	C市反对建设核电站事件	2011	C市民众担心核电站建设污染水源地以及可能产生的核辐射问题，反对在本地建设核电站
22	LX 事件	2014	2014年4月19日，L市X县城管与摊贩发生冲突，引发群众围堵城管执法车辆事件
23	J市高新区石化厂事件	2018	J市高新区群众认为石化工厂的建设威胁周边群众的健康。石化厂常有大型车辆出入给学生安全造成威胁，同时石化厂建设也直接造成了周围小区房价下跌。该项目建设遭到民众反对

注：案例中的地名进行匿名化处理。

三、数据编码与分析框架建构

（一）开放式编码

开放式编码是基于案例收集部分获得的文字资料进行的首次编码。在这一阶段中通过对既有资料中的文字、词汇、语句等所显示的人物、时间、地点、态度、立场、话语以及行为活动等，进行判别、比较、分析、校验，进而对原始语句进行相应的概念化。[①] 为呈现原始话语的基本意涵，同时便于后续校对，因而在该阶段的编码过程中，尽量选用原生代码。也即在对相关话语的呈现中直接选用研究对象的原表达语句，同时在删减过程中保留关键性的词汇，以此保证原始语句中对理论建构具有潜在指示意义的语句能够与研究对象的处事经验建立起更为直观的联系，以避免因过多的话语转化引发解释断桥风险。[②] 本书首先以其中20个案例的既有资料与访谈文本为基本数据源，将收集到的文本资料录入Nvivo 12.0中，以该软件为辅助，对文本资料中的词句及观点进行仔细整理，同时剔除无效、相关性较低及重复的信息，共抽象出53个概念。最后，对初始概念进行聚类分析和范畴化，形成了8个范畴。受制于篇幅，选取每个概念中的1~3条有效语句解释初始概念的提取依据。

---

① 威利格.心理学质性研究导论［M］.郭本禹，王申连，赵玉晶，译.北京：人民邮电出版社，2013.

② 郑庆杰.解释的断桥：从编码到理论［J］.社会发展研究，2015（1）：149–164.

表2-2 开放式编码及范畴化

范畴	原始资料（初始概念）
制度对社会活动的约束	①在此事件中陈某在网络上散布谣言，继而被警方抓获。经审查，陈某对其在发布虚假言论的事实供认不讳。/市委、市政府启动问责机制，镇党委书记刘某、镇长麦某等被免职。参与到"6·11"事件中的赵某等11名犯罪嫌疑人被提起公诉（制度惩戒） ②我们国家现在对这种专门恶意闹事行为打击力度仍然不足，让有些投机牟利的人通过闹事就能得逞（制度规范） ③有些行动参与者不了解相关规定，也不明白如何走正常程序，有问题也不来找我们（调节机构），所以我们有时候很难发现问题并采取措施及时干预/有的参与者法律意识淡薄、自身素质比较低、收入也不稳定，自律意识较差、缺乏相应的规则意识（制度与规则意识） ④这样的事发生得比较突然，当前国家也没有针对性的治理办法，那就只能按照老办法来管理，破例了即使是对的，也是违规的，这个责任我们承担不起（程序限制） 现在有些规定模糊不清，也没有一套清晰的管理标准，所以也只能是根据实际情况想办法（制度本身的模糊性） ⑤交通部门某负责人表示，现在互联网约车平台从事的专车业务并不合法。可该负责人的讲话，媒体和公众不买账。即使现在看来，专车业务是不合法的，可面对未来，今天的不合法难道会永远不合法吗？（对制度的质疑） ⑥我们也希望能够通过合规的渠道把问题解决了，毕竟我们相信规则能保护我们的权益，所以咨询了对相关规定熟悉的人（对制度的理性认识） 出租车盯着专车，反而认为靠法律保障权利的希望渺茫，宁愿作出违规的事。（对制度的非理性认识）
上级政府态度	①中央领导发表了对这件事的看法，中央领导对这起事件持有积极态度，这样我们处理起来也就有底了。/中央发布规范行业监管的相关意见，这可以说是对专车的一次积极定性，对专车从业者来说是一个重大利好（上级支持）（上级看法） ②省长专门召集市一级的领导开会，部署处理此事的相关工作（上级指导）

续表

范畴	原始资料（初始概念）
地方政府领导人关注	①市党政班子主要领导对该事件高度重视，市委书记、市人大常委会主任薛某，市委副书记、市长陈某在事件发生后的第一时间迅速指挥部署事件的处置工作，并要求有关部门公正、透明、依法果断地对事件中涉及的核心问题进行处置，以及时化解矛盾，阻止事态扩大，确保社会秩序稳定（地方政府领导人对抗议民众利益的关注） ②频繁出现的出租车与专车冲突事件，问题的核心在于，新业态或新营销模式的变化促使既有市场格局发生了深刻的变化，由此冲击了既得利益者权益，这才是问题关键。（某政府人员对问题本质的分析） ③正是因为出租车行业诸多问题的存在，打车难现状的出现，才给专车提供了可以生存的空间。所以对目前爆发的专车问题而言，不能"头疼医头，脚疼医脚"，下功夫解决出租车行业长期以来存在的垄断问题才是关键（某政府官员对问题解决办法的反思） ④网络招车平台没有得到有效的监管，约车平台无节制吸纳私家车等社会车辆，对现有出租汽车行业造成冲击，城市客运市场秩序也遭到严重破坏。地方政府对市场管理的认识不到位、管控力度弱且仍存在无监管区域等问题，导致乱象频繁出现（某政府官员对问题产生原因的看法） ⑤在上级部门深化出租汽车行业改革的意见出台之前，将严格按照现行法律法规授权，从严查处违反现行法律法规的各类客运经营及相关业务活动行为。待上级部门深化出租汽车行业改革的文件和法规出台后，客管处将按照新的法规和文件执行（注意力投入受限）
政府部门之间联动	①为做好地方社会秩序稳控工作，市发改委、公安、宣传、财政等部门连夜召开会议对事件处置工作进行部署（政府部门之间的意见沟通） ②市规划部门联合市城建、环保、科技、财政部门，专门投资建设了核科普展示厅，以 VR、AR 及其他多媒体方式讲解核电发电原理，对核电安全性进行科普（资源共享、优势互补） ③核电项目建设协调机构紧急召集市发改委、规划、科技、环保、交通等部门负责人与群众代表进行座谈，并就项目规划进行了民主听证（联合疏导） ④我们这边（公安部门）紧急联系了市场监管部门，听听他们对这件事的意见，以便部署我们接下来的行动（优势借用） ⑤警方为震慑违法犯罪活动，出动着装民警和便衣民警进行交替巡逻。为防止事态波及其他地区，Z市委、市政府已经组织了必要警力对全市重点地区进行了必要监控，对打砸等暴力违法犯罪人员，公安机关将依法予以处置，并按"打击少数、教育多数"的原则，加紧对违法犯罪嫌疑人进行甄别和审查。经检察机关批准，对多名嫌疑人以寻衅滋事罪、妨害公务罪和故意破坏财物罪等罪名依法进行逮捕。此外，消防、市政府的人都来到了现场，劝说其他民众，以平息事态（共同行动）

范畴	原始资料（初始概念）
社会组织干预	①我们（社会组织内部工作人员）也希望通过自身的力量去帮助受影响的老百姓解决他们面临的难题（具有支持抗议民众的主观意愿） ②在相关论坛上，我们也尽可能地联系相关的政府工作人员进行民意反馈（向政府建言） ③也有社会组织的人过来劝说，大概意思是领导在决策过程中面临很多困难，让我们（抗议民众）多些理解，但如果问题解决不了，我们还得靠自己来争取（社会组织干预，但力度弱） ④我们（社会组织工作人员）也有自己的难处，这个群体性事件性质比较恶劣，破坏了公共设施，政府进行严格管理，其实是不好中间说什么（回避介入） ⑤在得知此事后我们组织相关专家前往当地进行了调研，对抗议民众所提出的因政府项目建设带来的环境污染问题，进行了专门的水质、空气质量科学检测，随后将检测以第三方的名义提交给了政府相关部门，来表明政府对该项目的建设的确对当地民众的身体健康有危害（以专业力量支持抗议民众）
民众抗议	①"该少年的多名亲友到达现场后情绪激动，聚集在村委进行理论。到了晚上10点多，围观群众仍未散去"（业缘、亲缘关系网络） ②昨天接到上级通知该花卉市场限制五天内搬离，这么多商户，这么多花卉，田地里好多花卉和小树，5天之内没法搬完，而且损失会很大，希望我们反映的意见能被有关部门重视（上书建言） ③抗议公司欠薪的员工赶到劳动保障局和信访局上访，随后到市政府门前"散步"（散步式温和抗议） ④"我当时在开会，没怎么关注微信群里的内容，等看到的时候每个微信群都有几千条的内容。"对于专车司机目前形成的团结局面，葛师傅的话语中有着一股骄傲的劲儿（目标一致、负面信息动员） ⑤生活习惯、消费标准没有太大差距，可一碰到孩子上学、就医看病，距离感油然而生（共同处境） ⑥治保员按规定要扣留王某的推档，然而当时王联梅夫妇不服从，"双方才发生争执与肢体冲突的"（被剥夺感） ⑦工厂上不上牌照，工人办不办居住证，出租屋要不要做登记，这些问题对他们来说，都不是什么关键问题，只有治保队找上门来实在没办法才去应对。同样的，管理方治保队在罚款额度上有较大的自由裁量空间（行动缘由） ⑧治保队的嚣张行为，使原来已经基本平息的事件突然失控，继而引发了肢体冲突（情绪激发） ⑨"我投资了十几万元的花店打了水漂。应该给我们在其他地方再提供一个可以交易的市场"（不公平感） ⑩"现在你们的工资是以前打工的两三倍，为什么仍然不喜欢待在这里？""没感情""焦虑、不舒服"（低满意程度） ⑪被迫搬离后，这些人在低温环境到处找房。和我一起过来的这些人，以前还想着来这里日子辛苦点没什么，希望以后能过上好日子（预期与现实的差距） ⑫普遍是投诉难，有关部门像在踢皮球（部分政府部门不作为、诉求反映渠道不通畅）

范畴	原始资料（初始概念）
社会媒体舆论施压	① "能否有效解决我们提出的合理诉求并不确定"（不信任感） ②先改善服务环境，然后才能让舆情帮助监督市场。/ 应该把"舆情"作为当地政府管理是否到位的指示剂，更好地倾听民意（对政府过度舆论监管的不满情绪扩散） ③曾某丈夫胡某向余某施加暴力，同时自称可以通过金钱摆平（引发冲突扩散） ④对出租车而言，公司体制是否应该改，牌照数量是否应该增加，这些都是可以进行讨论的。既然出租车供小于求，那就该想办法满足需求。在许多大中城市，出租车并非小众的交通工具，而是公共交通的重要补充，有准公交的性质。当前严格的管理，显然与实际需求不相吻合。（媒体主动介入声援） ⑤媒体的广泛介入的确给我们带来很大的舆论压力，公众往往不知道真实情况，给政府造成很大的负面影响（舆论施压） ⑥（某政府人士）媒体往往先于我们的回应出来就将未被证实的消息传播出去了，在不真实信息的传播过程中把事实都扭曲了，给政府解决问题带来了更大的压力（媒体的扭曲或放大效应） ⑦（某政府机构人士）网民们结合他们此前与政府机构打交道时不良的体验，借这个机会发泄他们心中的不满（危害渲染） ⑧网上传播的信息等均在此后被证实为谣言 / 叶某表示，当前市委、市政府已组织专门工作组入村进厂，向村民、企业主和广大外来务工人员说明真相，说明当事人没有受伤的情况，"请大家相信政府，相信我们的当事人，相信我们的各级部门一定能够依法依规的调查处理情况，一定能够妥善地处理好这起事件，大家不要围观，不要轻信谣言，不要传播谣言，更不要被少数人所迷惑。"（造谣滋事、官方辟谣） ⑨ "小业主们在整个清理整治过程中与基层干部、工作人员相互配合、通力合作画面感人，整治过程充满力度和温度。"（官方报道）然而，受影响商户则表示"真实情况并不是政府对外宣称的和谐画面，政府（工作人员）有强制行为。"（报道不实）
相关企业干预	① "每天一睁眼就欠出租车公司200多块"，迫使司机通过罢运来表达"减租子"的诉求（竞争劣势） ②（某企业人士）事实上，当前出租车司机们罢工，他们真正反对的是专车平台收取过高的"份子钱"，而不是专车。为了保障出租车司机利益，我们应该做的，不是把专车平台取缔，而是加快出租车管理制度改革。然而这种符合共享经济发展趋势的专车模式，成了有些政府管理部门的眼中钉。究其根源，是因为专车服务挑战了出租车在市场上的垄断地位，撼动了某些既得利益集团的"奶酪"。/ 爱尔兰自从2000年取消出租车管制以后，出租车数量增长了2～3倍，乘客等车时间也从原来的1小时左右降到了20分钟以内，而且约33%的人能够在5分钟以内打到车。90%以上的受访消费者对改革后的出租车服务质量表示满意，因此破除旧的出租车管理体制是有经验可循的。（理性辩护） ③（某企业负责人）这些人的行为不仅影响了我们公司的声誉，而且严重干扰了社会秩序，我们积极配合向政府公安部门进行申诉，以对这件事中的滋事者予以惩罚（对抗性辩护）

（二）主轴编码

主轴编码也被称为关联式编码，是在第一阶段的开放式编码的基础上再次进行主题和内在意涵的归纳、整合。在这一过程中，通过对为数较多的初始概念所呈现的因果关系、结构功能、时间空间等要素进行分析，提炼并阐述初始概念与副范畴之间的内在关联，同时需要构想副范畴与主范畴之间可能存在的相互关系，并依据具体的材料尝试证实这一构想。该阶段的编码仍从属于由基本概念描述到具有高度理论性概念过渡过程中，因而，具体的编码过程也并非完全受制于第一阶段的初始编码，仍需对研究过程中发现的新信息、新概念保持开放态度，并及时将新概念纳入分析范畴。本研究在这一阶段，通过对初始概念的分析与归纳，共形成了上级政府态度、地方政府核心领导人关注、政府部门之间的联动、制度对社会活动的约束、社会组织干预、民众抗议程度、社会媒体舆论施压、企业干预8个副范畴。

表2-3　主轴编码形成的主范畴和副范畴

主范畴	副范畴	关系的内涵
内部控制	上级政府态度	上级看法、上级指导
	地方核心领导人关注	地方政府领导人关注；政府人员对问题本质的分析；官员对问题解决办法的反思；官员对问题产生原因的看法；政府注意力投入受限
	政府部门间联动	部门间意见沟通；资源共享、优势互补；联合疏导；优势借用；共同行动
	制度对社会活动的约束	制度惩戒；制度规范；制度与规则意识；程序限制；制度本身的模糊性；对制度的质疑；对制度的理性认识；对制度的非理性认识
外部压力	社会组织干预	具有支持抗议民众的主观意愿；尝试干预，但力度弱；回避介入；向政府建言；以专业力量支持抗议民众
	民众抗议	暴力抗议；业缘、亲缘关系网络；上书建言；散步式温和抗议；负面信息动员；目标一致；共同处境；被剥夺感；抗议缘由；情绪激发；不公平感；低满意程度；预期与现实的差距；政府部门不作为；诉求反映渠道不通畅

主范畴	副范畴	关系的内涵
外部压力	社会媒体舆论施压	对政府不信任扩散；对政府过度舆论监管的不满情绪扩散；冲突扩散；主动介入声援；舆论施压；媒体的扭曲或放大效应；危害渲染；官方辟谣；报道不实；造谣滋事
	相关企业干预	竞争劣势、理性辩护、激烈抗辩

（三）理论编码与框架构建

理论编码是在开放式编码与主轴编码的基础上，以建构理论为目的，对在前两个阶段中得到的概念及类属进行更高级别归类的过程。格拉泽认为，理论编码是对前两个阶段中所建构的类属关系的高度概括，其功能也在于将原本支离破碎的概念进一步整合在一个框架中。[①] 由此看来，理论编码过程是相对零散的概念向结构化分析框架转化的关键所在。依据故事线，本书在理论编码中将8个副范畴纳入政府内部控制与外部压力两个维度中，同时以2个维度、8个核心要素为基础，建构了政府在群体性事件治理中政策工具选择的影响因素框架。

---

① GLASER B, STRAUSS A. Discovery of Grounded Theory: Strategies for Qualitative [M]. Research Chicago: Aldine Publishing Company, 1967.

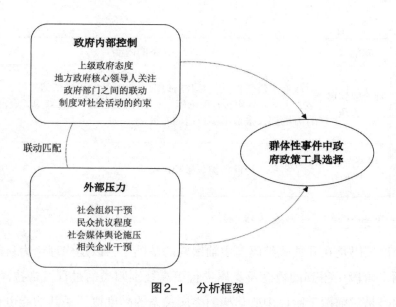

图2-1 分析框架

第五节 讨论与小结

在本章中主要对基本概念与相关理论基础进行了阐述，并运用扎根理论来建构群体性事件治理中政府政策工具选择逻辑的分析框架。该框架是以政府内部控制与外部压力2个维度、8个解释要素为基础进行建构的。其中，政府内部控制层面主要包括上级政府与地方政府核心领导人注意力的配置、政府部门间的联动以及制度对社会活动的约束4个解释要素。其中，就政府注意力的配置而言，由于政府在议题的选定和决策的好坏上与其所关注、选择的信息有直接关系，或者说与是否有效配置有限的注意力密切相关，特别是上级政府与地方政府核心领导人的注意力配置状况。因而，地方政府注意力的配置构成了政府政策工具选择的重要影响因素，为理解和诠释政府在群体性事件治理中政策工具的选择，提供了一个有力的分析要件。政府部门间的联动同样是影响政府政策工具选择的重要内部条件之一。各部门间的联合行动能够起到部门间优势互补的作用，进而在群体性事件的处理过程中利用不同部门所具有的优势资源，进行资源水平方向上的整合，提升政府在政策工具选择中的主动性。制度对社会活动的约束是群体性事件治理中政府政策工具选择中需考量的又一关键要素。制度是以政府规制的方式约束社会行为、以制度方式纠正社会越轨行为、维持既有社会秩序的手段。其与国家的控制力相关，构成了对民众群体行动的重要约束性力量，是政府社会控制力得以保障的关键。

影响政府在群体性事件治理中政策工具选择的外部要素主要有社会组织干预、民众抗议程度、社会媒体舆论施压以及企业等其他市场社会主体的干预四个要素。其中社会组织作为部分利益群体的代表，相比群体行动中的个体而言，其在专业性与动员能力上均较强，因而，在群体性事件中往往能够调动其专业化优势为群体性事件中的抗议民众提供助力。尽管社会组织能够对政府政策工具的选择构成一定的外部压力，但社会组织是否参与某一群体行动、参与程度如何，与政策情境有较大关联，因而，其在不同的群体性事件中往往呈现出差异化的施压能力。就民众抗议这一外部压力性要素而言，在我国强政府—弱社会的权力配置格局中，个体行动相对于组织行动而言，其话语力和对政策的作用能力虽在触发舆论关注、吸引政府注意力中具有重要价值，但难以在现有的社会结构和政策框架中成为撬动政府决策变动的关键力量，而无论是常规型组织还是临时聚集型组织通过组织化和组织化行动，都能够为其言论及诉求提供有力的佐证，从而构成实现其向政府施压的重要因素。鉴于当前社会媒体强大的舆论传播能力和社会影响力，社会媒体在一定程度上关系着政府政策工具及其工具的使用力度。更为重要的是，社会媒体所涵盖的大量一手或二手经验，附着着人的社会情感、利益诉求与人的尊严，这些均能够以媒介信息的方式承载，而社会媒体信息效力的发挥，也归功于内置其中的情感、利益、尊严等潜在要素的唤醒以及感染功能的发挥，因而，社会媒体对抗议民众的声援能够在政府政策工具的选择中施以较大的外部压力。

正如阿诺德·盖伦所言，"构成当代多少是都市化了的人之特征的意识框架，以其抽象性及其对第二手经验的依赖，也是和一种可比较的情绪改变结合在一起的。我们所看到的运作越来越多的情感模式，是几乎可以用任何内容来填充的公式，是'情感的补充'"[1]。而依托技术的发展能够向政府部门进行舆论施压的社会媒介，恰恰可以充当这一角色，"其所传播的二手经验有能力唤起人们的'二手情感'，这就相当于宣传过程。这些情感，由于靠近人的表层意识，因而容易表现出来，也正是因为这个缘故，其容易通过现代的话语技巧激起共鸣、得以传播"。事实上，这些依赖于社会媒体的力量，渗透到了人的道德感情领域。尽管工具性的使用是利益在推动，而主观的情感却代表着"人的尊严"的需要。因而，对政府政策工具选择的影响要素分析就不能忽略对社会媒体这一外部变量的讨论。此外，市场中以企业为主体的其他利益群体是群体行动研究中最易被忽视的要素。特别是在某些公共事件中，具有相当影响力的企业等利益集团能够通过各类渠道与政治精英建立联盟关系，设置隐蔽议程来阻止问题进入政策议程，因而是影响政府在群体性事件治理中工具选择的重要外部要素之一。接下来，本书将对分析框架中的各要素分别进行理论探讨。

---

[1]　Gehlen A. Anthropology and Philosophy [M]. Reprint. Cambridge：MIT Press，1988：104–106.

第三章

群体行动治理中政策工具选择的内部控制性要素

社会功能学学者帕森斯（Talcott Parsons）认为，社会秩序的维持与社会稳定有赖于政府有条件的调节，舒缓社会张力，以制度等方式控制越轨，维持既定模式。政府的社会控制力是促使群体矛盾得以化解、社会秩序重回常态的重要力量。结合上部分中扎根理论得到的分析框架，政府对群体性事件的控制力主要反映在对制度的运用、对注意力资源的配置以及各部门的联动层面。群体行动超越制度的界限受到制度的限制与规约，即表现为制度对群体行为的控制。制度功能的发挥，是强化政府社会控制能力的关键所在。政府注意力配置状况同样是影响政策工具选择的重要内部因素，因而在本章中，从政府注意力配置的理论、注意力与政策工具选择的内在关系、上级政府与地方政府核心领导的注意力配置逻辑三方面进行了详细的理论阐述。此外，鉴于单一政府部门资源禀赋的有限性和跨部门联动对强化政府社会控制能力的作用，该部分同时对群体性事件治理中的政府部门联动问题进行理论探讨。

第一节　政府注意力的配置逻辑

政府注意力是理解政府决策优先性与治理能力有限性的核心要素，也是解释政府在群体性事件治理中政策工具选择的重要变量。就政府注意力配置的主体而言，上级政府的注意力与地方政府领导人注意力的配置在中国公共政策情境下的政策工具选择中占据重要地位。以下主要对政府注意力配置、上级政府态度与地方政府领导人注意力这三方面的问题进行阐述。

一、政府注意力配置逻辑

心理学研究者最早对不同生物体的注意力相关议题进行了讨论。在心理学研究者看来，当自然界的生物体受到外界环境刺激时，外部刺激物并非均能够有效吸纳个体的注意，并促使个体做出反应。仅有部分刺激物或某一刺激物的某个方面能够对生物体的注意力产生实际刺激，并激发个体感知。由此可见，有选择地关注某些事物，而非所有事物，将注意力的焦点置于某些对个体有重要影响且被察觉到的事物，进而决定优先处理哪些问题、做出何种回应是生物体的自然属性。[①] 经济学研究者西蒙（Herbert A. Simon）将注意力这一概念引入管理学领域，对管理者的注意力配置问题进行了探索。西蒙在其《管理行为》中将注意力配置过程界定为，"管理者选择性地关注某些信息，而筛除其他信息的过程"[②]。在西蒙看来，决策者或管理者注意力配置的有选择性和稀缺性，是导致决策过程遵从有限理性而非完全理性的重要诱因。西蒙关于决策者注意力有限性与稀缺性的论述，成为论证其有限理性假说的重要依据。[③]

在管理学研究领域，某一决策者或某一决策团队受时间、精力、成本、资源等方面要素的限制，难以同时对多个问题进行处理，也无法在同一时间段内对各种事务给予相同或相似的关注。而决策者在将注意力集中于某一事务的同时，也意味着对其他事务关注度的下降。影响决策过程的要素除决策者本身注意力的有限性，还受到社会环境、决策环境中的刺激物影响。[④] 在不同的决策环境中，刺激物的来源和刺激力度有较大的差异，而决策者对不同刺激物的敏感程度也并不相同。决策者需要在多样化的决策环境中，对最具

---

① 达文波特，贝克.注意力经济［M］.谢波峰，等译.北京：中信出版社，2004.

② SIMON H A. Administrative Behavior: A Study of Decision Making Processes in Administrative Organizations［M］. 4th ed. New York: Macmillan, 1947.

③ 西蒙.管理行为［M］.詹正茂，译.北京：机械工业出版社，2004：109.

④ OCASIO W. Towards an Attention-based View of the Firm［J］. Strategic Management Journal, 1997, 18（7）：187-206.

影响力的刺激物保持敏感，以此来判别哪些事务处于紧急状态且需要优先处理。由此看来，决策者注意力的有限性、外界环境中刺激物的差异性、决策者对不同刺激物的敏感性，三者共同决定了注意力的配置过程。注意力配置过程与决策过程内在逻辑关系的发现，为管理学、组织行为学以及公共政策学研究提供了一个重要视角。①

布赖恩·琼斯（Bryan D. Jones）对公共政策领域的政府注意力配置问题给予了高度关注，他在《再思民主政治中的决策制定——注意力、选择和公共政策》中将政府注意力作为解析民主政治中影响政府决策制定的关键。琼斯认为，几乎所有的政府决策均涵盖信息的考察、筛选与甄别，同时删除不棘手且不重要的信息，进而在相对有限且确定的信息范围内对与之相关的政策议题进行判断。②在完全理性决策者看来，外界环境中的强刺激要素会触发相应的政府行动，然而，布赖恩·琼斯则指出，相比于政府决策者主观注意力配置要素而言，外界环境刺激仅仅起着辅助性作用，并不能对政府决策行为产生决定性影响。③琼斯认为，公共事务决策过程会受到诸多偶然性与非理性因素的制约，决策者未必总是根据政策环境中的相关问题严重程度匹配以成比例的注意力。决策环境的变化、待处理事件紧急程度的增加，也并不意味着政府部门会快速做出相应的决策，除非决策者注意到外界环境中的变化，并对刺激物保持充分的重视。布赖恩·琼斯将政策问题的严重程度与政府注意力配置不成比例问题归结为政策议题的"拥挤效应"，④也即政府对某一议题的关注总会消耗一定的议程空间，继而出现议程拥挤现象，使某类问题被政府优先纳入考虑范围，而将其他议题排除在这一范围之外。因而，政府在决策中只能遵从意图理性而非完全理性。政府注意力焦点尽管受到待处理的各

---

① 熊彼特.经济发展理论［M］.何畏，易家祥，译.北京：商务印书馆，1991：82-105.
② 琼斯.再思民主政治中的决策制定：注意力、选择和公共政策［M］.李丹阳，译.北京：北京大学出版社，2010.
③ JONES B D, FRANK R B. The Politics of Attention: How Government Prioritizes Problems［M］. Chicago: University of Chicago Press, 2005.
④ JONES B D, FRANK R B. The Politics of Attention: How Government Prioritizes Problems［M］. Chicago: University of Chicago Press, 2005.

类事件重要程度和紧急程度的约束，但在实际的政策安排与注意力配置过程中却遵从着不成比例的信息处理模型，但相对而言，核心议题通常能够对其他议题产生显著的挤出效应，而在政策议程中占据优先地位。

二、政府注意力配置与政府政策工具选择的关系

（一）注意力平衡与工具选择惯性

政府在长期处理某类事件中形成的决策经验，往往会转化为某种行为惯性，即对某类问题的解决依赖于某一特定的政策工具或特定的工具类型。由于某一政策工具的选用与政策体系的建构，均辅助了大量的政府注意力资源。相对稳定的政策体系与长期以来形成的决策思维和决策理念，为针对某类事件常用的政策工具提供了相对恒定的支持，促使其成为应对相应的政策问题、抵御外部压力，从而达成有效的社会治理目标的重要手段。迈克尔·豪利特（Michael Howlett）、M. 拉米什（M. Ramesh）指出，共同体成员对其所认同的事物所保有的基本信念，构成了其认知体系与行为体系中的"深层结构"[①]，这一深层结构的存在促使共同体成员的认知在遭遇与之相悖的意见冲击时，首先在意识层面予以抗拒。而对既有决策方案、决策手段的依赖，容易将其注意力引向一组特定的联系，而忽略其他可能性。这种基于决策者内在认同的强大的惯性，一定程度上成为其他替代性政策方案或政策工具进入政府决策系统的重要障碍。[②]另外，政府对已有事件处理办法的遵从事实上还源于对新政策工具或其他政策方案可能存在的决策风险以及社会风险。因此，即使是原有的政策方案遭遇较强的外部阻力或政策工具遭到抵制，决策者仍然有可能运用既有的政策工具对政策异议进行回应，政府关注的重心以及所运用的政策工具并不会与类似事件中相关的政策工具产生明显不同。

政府在处理某类事件时，对某种政策工具的惯性依赖在很大程度上还源

---

① SIMON H A. Administrative Behavior: A Study of Decision Making Processes in Administrative Organizations [M]. New York: Macmillan, 1947.

② GERSICK C J G. Revolutionary Change Theories: A Multilevel Exploration of the Punctuated Equilibrium Paradigm [J]. Academy of Management Review, 1991（1）: 10-36.

于，因政策工具频繁变动可能引发的政府公信力损失问题的考虑。政府政策工具的选择并非在真空中进行，也并非仅受制于现行政策环境中的各类影响因素的制约，而是建立在先前的相关决定基础之上，即有的决策方案与决策思路事实上对未来发生的此类事件所可能采取的解决办法或施用的政策工具起到了一定的"承诺"作用。① 如地方政府在对群体性事件的处置过程中所常用，且被实践反复证明确有效果的工具，通常会被用于未来发生的同类事件中去。这种被不断运用、强化和复制的过程即被称为"工具黏性"或"路径依赖"②，也即一旦某一问题的解决路径或政策工具被纳入政府注意力视阈且被频繁运用，那么该政策工具便很难离开决策者视线。特别是政策工具本身也具有一定的适应性和问题修复能力，能够在多次运用的过程中逐渐与政策问题、政策空间相适应，从而促使这一工具黏性得到再度强化，进而加大抵制政策工具风格更新的筹码，阻碍新政策工具的运用。另外，新政策工具需选用的成本要素也是地方政府倾向于依赖旧政策工具或政策方案的一个重要因素。与某一政策工具选用相伴随的各类规则、惯例、制度以及标准等均可能发生变动或微调，这些均会耗费相应的成本。因此，较为微弱的外部压力和较小规模的群体行动难以对地方政府政策工具选择惯性构成实质性的干预。③由此看来，在工具黏性和决策惯性的影响下，地方政府注意力的平衡性不易被打破，与之相应，地方政府也并非倾向于选用新的政策工具。

（二）注意力转移与工具选择变动

政府注意力的转变与政策工具的切换存在某种内在关联，即当原常用政策工具被社会实践证明无效或被上级政府否定，那么该政策工具所面临的强大压力已然超出了其自我修复力，而难以继续被运用于相关的政策事件的处置中，继而引发政府政策工具的全面修正或风格切换。由此可见，新的政策

---

① ROSE R, DAVIES W. Policy Interitance in Public Policy: Change without Choice in Great Britain [J]. American Political Science Review, 1994（11）：1061.

② 尹贻梅，刘志高，刘卫东. 路径依赖理论及其地方经济发展隐喻 [J]. 地理研究，2012（5）：782-791.

③ SAMUEL W, JONES B D, JOCHIM A E. Information Processing and Policy Dynamics [J]. Policy Studies Journal, 2009, 37（1）：75-92.

工具对原先在某类事件处理过程中常用政策工具的替代，需要明确的实践依据和强力的外援施压。这一替代过程较为复杂，并非一蹴而就。政府部门对某类政策工具效果的疑义，到最终舍弃原政策工具，往往需要经过矛盾累积、工具功能减弱、异议增多、反对者动议以及工具形象矮化，甚至是社会矛盾进一步激化等一系列过程。在群体性事件治理中，判别政策工具施用效果最直观的办法即考察某一政策工具运用后，群体性矛盾是否得到有效缓解。而矛盾的增多或更大规模群体性活动的出现，则能够从侧面反映出，原政策工具难以对现有社会矛盾进行有效调和。政府需要依据不断变化的实际情况配置相应的注意力资源，从而做出弃用原政策工具和尝试新政策工具的决策，而在宏观政策环境发生变化、相关社会舆论风向发生变更的情况下，更容易促成政府注意力转移、加快政策工具风格切换的步伐。

（三）注意力波动与工具选择的摇摆

就政府注意力本身的特质而言，其并非恒定不变的，而是不断变动的。政府在各类公共事件中配置注意力资源的方向和多寡，在内外部决策环境的影响下均存在一定的波动。地方政府注意力波动主要受到以下三方面因素的影响：（1）由于某一政策工具的选用会涉及多方面的利益关系，容易引发注意力模糊，而难以实现快速聚焦。尤其是在受上级政府影响较大的事件中，高层政府注意力的突然增强或快速衰减，容易诱发地方政府在相关政策方案的制订、细化、执行中无所适从的状况，从而导致地方政府在政策工具选择上的无序和混乱。特别是在外部要素干扰力度较大或相关议题较新，未有先前经验可供参考的事件中，政府注意力的波动幅度相对更大且更为频繁，以至于出现政策工具选择上的摇摆。一般而言，此类现象较为鲜见且发生时间相对较短，在地方政府对相关议题进行深入理解或上级政府给予明确指示的情况下，能够进行及时纠偏，继而做出恰当的政策工具选择。（2）在当前多样化的新经济业态的不断涌现，以及与之相伴的各类新型社会矛盾层出不穷的情况下，政府对某类新事物及其潜藏的社会风险的认知较为匮乏，因而政府部门同样需要遵从一个从认识问题到治理事件的过程。在此期间，政府注意力即可能产生较大幅度的波动。（3）由于新的政策工具能否被目标群体认可和接纳、其实施效果如何等问题，均具有相当的不确定性，因而，地方政府部门同样存在对新政策工具功能性和有效性的疑虑，由此引致其在注意力配置和在工具选择上的摇摆。需要注意的是，政府注意力的波动与政策工具选择的摇摆，并非均具有负面效应。[①]允许适当的注意力波动并尝试新工具的选择，能够为探索新的治理路径提供更大的空间，具有一定的合理性和积极意义。

（四）注意力加持与政策工具迭代

在某些复杂且时间跨度相对较大的事件中，仅依赖单一政策工具难以实现对决策方案的有效执行并对政策体系进行有效维持。当政府部门决策者认识到某一待处理公共事件具有相当的动态性、复杂性及重要性时，往往会不断强化注意力资源的投放，表现在工具选择层面即政策工具的不断迭代和工具力度的动态变化。政策工具的迭代过程指的是，决策者维持其所选用的政策工具在方向和类型相对不变的情况下，通过相关政策资源的投入和政策规范的出台，来对政策工具力度进行渐进性调整。即在不改变原政策工具基本框架的基础上，对工具本身进行微调，以适应不断变化的公共事件的过程。政策工具的迭代有助于实现新政策工具与其所应对的公共事务二者之间的渐进磨合，促使其与政策环境更加协调。值得注意的是，与政策工具迭代过程相伴的政府注意力在加持过程中，仍然存在波动和反复的状况，但总体而言，政府注意力的加持过程与政策工具的迭代过程，通常呈现螺旋式上升状态，有助于在加快政府政策工具与目标群体磨合进程的同时，达成更为广泛的民众认同，促成政策效力发挥。

三、上级政府态度与地方政府核心领导人注意力

（一）上级政府态度

在我国层级节制的行政体制中，地方政府兼具辖区内的治理者与上级政

---

① 王英伟.政府注意力差异化配置对公共政策样态的塑造：以中国生育政策为例［J］.吉首大学学报（社会科学版），2019（4）：143–152.

府代理人双重角色。尽管地方政府对其辖区内的诸多事务具有决策权，然而在规模较大或影响范围较广的群体性事件治理中，得到上层政府的支持和授意，能够极大地提升其抗压能力。[①] 尽管在改革开放以来，我国地方政府获得了一定的自主权，仍然遵从自上而下、一以贯之的政治与政府机构设置的基本格局，围绕一个中心进行政治功能与治理功能的展开。地方政府决策者政绩的累积与治理绩效的提升，更加依赖于与上级政府的合作和上级政府的支持。由此，在与地方政府政绩密切相关的群体性事件治理中，地方政府更加倾向于通过获取上层政府直接且强有力的支持，来抵御外部压力、最大化自身的决策能力和对其他政策行动者的影响，同时规避对其他行动者的依赖。[②]

另外，上级政府同样有着将其自身决策目标不断进行向下嵌入的内在需求。[③] 从自上而下职能配置的角度来看，下级政府主要承担上级政府委托的各项事务与指派的各项事务，并在这一过程中发挥监督控制作用[④]，下级政府的决策活动和决策执行方式的选择，是对上级政府的决策目标在向下嵌入过程中的具体回应。因此，地方政府在群体性事件治理中的政策工具选择，是在上级政府的意图与政策工具本身对上级政府的政策目标落实能力的双重约束下进行的有限选择。由此看来，上级政府是否对某一群体性事件配置相应的注意力、地方政府在政策工具的选择中是否能够得到上级政府的支持，是影响群体性事件治理中地方政府政策工具选择的重要因素。

尽管在地方政府辖区内的群体性事件发生且引发上级政府的注意时，上级政府注意力的配置能够对地方政府政策工具的选择产生较大影响，但并不意味着上级政府必然能够对地方政府政策工具的选择进行有效干预。一方面，从上级政府与地方政府的博弈关系来看，博弈能力的高低依赖于地方政府与其上级政府二者间结构的关联性，即"不同部门间博弈地位的高低与结构之

---

① 郁建兴，黄飚. 当代中国地方政府创新的新进展兼论纵向政府间关系的重构 [J]. 政治学研究，2017（5）：88-103.

② 张体委. 资源、权力与政策网络结构：权力视角下的理论阐释 [J]. 公共管理与政策评论，2019，8（1）：78-88.

③ 孙柏瑛. 城市社区居委会"去行政化"何以可能？[J]. 南京社会科学，2016（7）：51-58.

④ 刘祖云. 政府间关系：合作博弈与府际治理 [J]. 学海，2007（1）：79-87.

间存在同构与非同构两种关系"①。若博弈地位与其所处的位置相同或相似，博弈中的力量格局相对较为稳定，则不易发生破坏结构或挑战上级权威的情况；而当博弈地位与其所处的位置具有差异，则容易导致结构的变化，以及不同行动者行动能力的变化。如在计划经济时期，不同上下级不同部门之间的博弈地位与其职权结构存在紧密的相关性。因而，处于上级的政府部门即意味着拥有较强的博弈能力，而在当前社会结构愈加复杂化的治理情境下，地方政府社会治理的灵活性不断提升，且由于其本身具有接近信息源地、更了解地方实际情况等特性，而在某一事件中，同样可能呈现较高的博弈地位，也即所谓的博弈地位高于其实际在行政体系中的地位的状况。在该种情况下，地方政府自主选择政策工具的能力得到显著增强，继而一定程度上削弱了上级政府对其行动可能构成的干预。另一方面，从地方政府与上级政府之间沟通的链条来看，地方政府及其上级政府部门二者之间的链条太长，信息容易在传递的过程中发生变化，也即出现所谓的"梗阻"问题或偏离现象，且地方政府同样能够通过隐瞒不利于自身决策的信息，为上级提供有倾向性的信息，来增强其在政策工具选择中的主动性。

由此看来，上级政府具有影响地方政府政策工具选择的动机与能力，但地方政府仍然能够通过隐瞒信息、上报具有倾向性的信息等策略性行动来与其上级政府进行博弈，从而提升其博弈地位、增强其在政策工具选择中的主动性，拓展政策工具选择空间并强化其社会治理能力。

（二）地方政府核心领导人的注意力配置

从地方政府所拥有的权力来看，地方政府在特定的范围及领域内拥有领导权、决策权、执行权、干部管理权、监督权以及建议权等多种类型的权力，同时其权力也关系到其领导范围内的政治、经济、文化与社会等各个方面的人、财、物的配置权力。地方政府"一把手"拥有法律、法规所赋予的履职的全部权力，从而在其辖区内的公共事件治理中，往往拥有最后的决定权。

---

① 吉登斯.社会的构成：结构化理论纲要［M］.李康，李猛，译.北京：生活·读书·新知三联书店，1998：79.

特别是在群体性突发事件中，政府核心领导者在事件处置时间的紧迫性、资源调动的密集性以及领导者严格的问责压力下，为提升工作效率，"一把手"的决策权威往往会进一步放大。

　　事实上，地方核心领导人的注意力配置受到其内在行动逻辑的深刻影响。有研究者将政府注意力的配置逻辑归纳为避责①与邀功②两类行动逻辑。在避责逻辑看来，地方核心领导人是否对某一事件给予高度关注主要在于，对该事件解决不当可能引发的政治、经济以及社会风险等。③其中经济发展④、公共舆论⑤、上级问责力度⑥均能对地方政府核心领导者的避责行为产生影响。特别是受"消极偏见（negativity bias）"的影响，负面事件往往比正面事件对政府行为更具冲击力⑦，且负面事件相比正面事件能够对民众心理产生更为深刻的影响⑧。而群体性事件是倾向于负面的事件且是关乎社会稳定的重要事件，因而，地方政府核心领导人作为此类事件的主要责任人，一旦对群体性事件处置不当，而引发更大规模的民众对立，地方核心领导人往往会受到上级的严厉惩处、舆论的强力施压，甚至诱发地方经济风险。因而，基于避责思维，地方政府核心领导倾向于对爆发力较强、影响较大的群体性事件配置以更高的注意力。在邀功逻辑驱使下，地方政府领导人对群体性事件的有效治理，

① HOOD C C. The Blame Game：Spin，Bureaucracy，and Self-Preservation in Government［M］. New Jersey：Princeton University Press，2010；HOOD C C，JENNINGS W，COPELAND P. Blame Avoidance in Comparative Perspective：Reactivity，Staged Retreat and Efficacy［J］. Public Administration，2016（2）.

② 周黎安.中国地方官员的晋升锦标赛模式研究［J］.经济研究，2007（7）：36-50.

③ 倪星，王锐.从邀功到避责：基层政府官员行为变化研究［J］.政治学研究，2017（2）：42-51.

④ GIGER N，NELSON M. The Electoral Consequences of Welfare State Retrenchment：Blame Avoidance or Credit Claiming in the Era of Permanent Austerity？［J］.European Journal of Political Research，2011（1）：1-23.

⑤ ROZIN P，ROYZMAN E B. Negativity Bias，Negativity Dominance，and Contagion［J］. Personality and Social Psychology Review，2001（4）.

⑥ HOOD C C. Blame Avoidance and Accountability：Positive，Negative，or Neutral？［M］// DVBNICK M L，FREDERICKSON G. Accountable Governance：Problems and Promises. London：M.E. Sharpe，2011：172.

⑦ ROZIN P，ROYZMAN E B. Negativity Bias，Negativity Dominance，and Contagion［J］. Personality and Social Psychology Review，2001（4）.

⑧ WEAVER R K. The Politics of Blame Avoidance［J］. Journal of Public Policy，1986（4）：371-398.

往往能够得到上级政府对其个人工作能力的肯定。在这一逻辑的驱使下，地方政府核心领导人趋向于选择恰当的政策工具以快速地化解社会矛盾，使社会秩序回归常态。由此，在地方政府核心领导人不同的心理动机驱使下，对某一公共事件注意力的配置容易演化为一种对政策问题的筛选机制，从而在决策过程中产生"信息的过滤"和"信息排斥"现象。[①] 当领导人依托其专业背景、经验、智识，形成对某一事件或项目重要性的判断，并配置以足够的注意力（领导"高度重视"），就能够对政策行动形成强有力的约束。[②] 就政府内部政策过程而言，政府机构中的核心领导在重大事项决策、特定政策工具启用或终结中具有决定作用。[③]

第二节 制度对社会活动的约束

一、制度对社会活动的刚性约束

制度约束力是政府在群体性事件治理中的主要应对性力量，其与国家的强制力相适应，是政府进行社会控制与政策工具选择的基本依据。依据马丁·琼斯（Martin Jones）的观点，在特定的地理空间中某些被建构、并产生有效影响力且拥有一定影响范围的制度可被称为"制度空间"。[④] 但琼斯所指的制度空间是形象意义上的地理空间，而非抽象意义上制度所隐含的行为空间。在公共政策领域，制度空间是国家制度与社会制度所框定的社会行为规

① 王英伟. 政府注意力差异化配置对公共政策样态的塑造：以中国生育政策为例 [J]. 吉首大学学报（社会科学版），2019（4）：143–152.

② 庞明礼. 领导高度重视：一种科层运作的注意力分配方式 [J]. 中国行政管理，2019（4）：93–99.

③ CHEN S, CHRISTENSEN T, MA L. Competing for Father's Love? The Politics of Central Government Agency Termination in China [J]. Governance, 2019（4）: 761–777.

④ JONES M. Phase space: Geography, Relational Thinking and Beyond [J]. Progress in Human Geography, 2009（4）: 487–506.

范。制度所预留的行为空间，是制度对民众的社会活动所能够容许的范围。制度设计出规则，通过调整暴力行为所付出的代价，以直接或间接的方式来遏制暴力活动，也即以制度的形式规范对暴力行为进行惩罚。[①]斯梅尔塞在其所提出的价值累加理论中即指出，制度所预留空间的大小以及限制力量的强弱，能够反映出群体行动是否爆发并关系到行动最终成功与否的可能性。[②]由此而言，人们对制度的遵从也并非道德与义务使然，而是在对可能的收益与损失的权衡或"计算"之后做出的更加切合自身利益的行为选择。[③]

就制度本身所蕴含的意义而言，制度是行动主体在特定情境下所需遵从的一系列具有目的性与相对稳定性的行动规范，可理解为是组织在一定理念指导下形成的若干运行规则，或用以规范人们互动行为的约束条件。[④]正常情况下，对个体或群体而言，其行为选择都是在制度构成的情境下进行的。制度能够决定个体或群体行为选择的范围和边界。[⑤]在弗兰德看来，制度本质上是一种姿态，当政策被制定出来，即构建出一种情境，未来与之相关的各种公共事务与各类社会活动均在这一情境中做出。可见，制度本身不仅蕴含了一种资源的分配属性，同时也涵盖了一种空间属性，即由制度建构的某些行为可为与不可为，某些行为被制度鼓励或被制度排斥的行动框架。因此，针对社会群体性行动，政府给予多大程度的包容与制度空间密切相关。与制度导向相符的群体活动容易得到政府的青睐与支持，而与制度规范相背离，甚至产生严重抵触的行为则会受到制度的限制。

近年来，尽管关于国内学者对群体行动的研究逐渐修正了"国家统合主义"视角带来的研究缺陷，但国家仍然保留着对社会神经末梢的影响力和渗

---

① 诺思，瓦利斯，温格斯特.暴力与社会秩序：诠释有文字记载的人类历史的一个概念性框架［M］. 杭行，王亮，译.上海：格致出版社，2013：20.

② SMELSER N J. Theory of Collective Behavior［M］. New York：Free Press，1962.

③ LITTLE D. Varieties of Social Explanation［M］. Colorado：Westview Press，1991.

④ NORTH D C. Institutional Change and Economic Performance［M］. Cambridge：Cambridge University Press，1990.

⑤ 田国强，陈旭东.制度的本质、变迁与选择：赫维茨制度经济思想诠释及其现实意义［J］. 学术月刊，2018（1）：63-77.

透力。政府进行社会控制所能运用的各类制度已然覆盖诸多社会领域，相关制度要素成为地方政府政策工具选择中能够参照的关键因素。由此可见，无论是政府选择强制型政策工具、渐进型政策工具，还是退让型政策工具进行"摆平"，制度均构成政府进行社会控制的重要条件，对群体行动展开形成了较严格的约束。

二、制度规制所具有的弹性空间

制度不仅具有一定的刚性，而且具有相当的弹性。在政府治理过程中既要依赖于制度刚性所带来的权威约束力，同时也不能完全依赖于刚性的制度规范，制度在塑造其规范性与约束性的同时，更主要的是发挥其引导作用。在埃德蒙·柏克（Edmund Burke）看来，有效的国家治理无论在制度上拥有多大的原动力，从根本上说，仍然扮演的是辅助国家治理的角色。[①] 这就要求制度在保持刚性的同时，拥有一定的弹性空间。从制度空间的特征来看，主要表现在以下三方面。

第一，制度清晰性与模糊性的结合。制度是对某一公共领域行为方式与行为边界的设定，因而要求制度本身具有明确的指向性与条款的清晰性，但在具体的制度运行过程中，由于制度运作边界并不能够对多样化的社会行为进行极为明确的规定，而在具体的制度执行过程中为变通执行提供了诸多可能性，因而保留了相当大的制度空间。另外，在某些情况下，在制度的执行上也缺失制度变通执行的必要性，因而又进一步赋予了制度空间边界一定的模糊性。政府能够利用这种制度空间边界上的模糊性来进行弹性化决策，以规避潜在的政社冲突以及可能的权威损失。政府对刚性且强制性的暴力控制手段的运用，很大程度上也意味着其要付出高昂的政治代价，甚至造成政府权威的流失。[②] 此外，又由于地方政府部门受到"上下分治""有限任期""经济发展主义"等体制机制的影响，在对触及或突破制度边界的群体性事件治理过程中，往往并不倾向于运用制度框架内的方式应对群体性事件，在控制

---

① 柏克.自由与传统［M］.蒋庆，王瑞昌，王天成，译.北京：商务印书馆，2001：208.

② 杰克曼.不需要暴力的权力［M］.欧阳景根，译.天津：天津人民出版社，2005：141.

手段和策略选择上也并非总是按照制度所规定的进行刚性执行，而是存在一定的弹性或策略性，如利用拖延、欺瞒、收买、要挟、限制自由以及分化瓦解等摆平策略，来维持属地秩序的稳定。①

地方政府在社会治理过程中，对制度边界模糊性的应用也是政府治理思路与治理弹性的体现，不仅反映了制度边界的模糊性，同时也反映了我国地方政府在社会控制能力与控制方式上的特殊性。有研究认为，地方政府在冲突治理中的行为选择遵从被动递阶型强制模式，其行为表现具有垄断治理权力、隐蔽决策、格式化被动反应的特征，因而中国的地方政府治理本质上符合底线治理型政府的基本逻辑②，即当群体性事件并不触及地方政府的基本原则与治理底线的情况下，即使群体性事件与相关的制度有所抵触，政府仍然可能以弹性化的治理策略来规避潜在的政社冲突。因此，制度的清晰性并不排斥制度空间边界的模糊性，适度的弹性化变通手段的运用并不意味着会对整体的制度格局产生损害，反而能够起到社会矛盾中和的良性效果。③另外，制度空间边界的模糊性以及政府对民众群体行动的有限包容，使得民众同样能够利用制度空间的模糊性为维护自身权益、进行群体行动拓展合理化空间。例如，民众能够在国家并未明确禁止的领域、制度规定较为模糊的地带寻找新的制度空间。

第二，制度静态性与动态性的结合。由于制度本身的权威性与约束力，使其具备了一定的牢固性、正式性和静态性。制度是预防或处理某类问题的规范性办法和基本依据，是一种相对固定化的行为引导方案或行为约束机制。遵从制度本质上是基于制度本身对社会治理规律的总结，良好的制度是解决集体行动问题、减少交易成本，提高治理效率的最佳选择。制定并维持这样的制度规范而非其他规定，更有利于实现社会效益的最大化。而社会治理规

---

① 郁建兴，黄飚.地方政府在社会抗争事件中的"摆平"策略［J］.政治学研究，2016（2）：54-66.

② 陈宝胜.邻避冲突治理的地方政府行为逻辑［J］.中国行政管理，2018（8）：119-125.

③ 汪建华，石文博.争夺的地带：劳工团结、制度空间与代工厂企业工会转型［J］.青年研究，2014（1）：53-61.

律是政府在长期的社会治理实践中形成的，不易发生变化。由此，能够对政府政策工具选择提供具有长效性、稳定性的决策参照。另外，由于社会治理实践本身也在动态的变化过程中，新业态的出现、新社会现象的涌现等都会引发治理规律的变化，从而对制度规范本身产生冲击。因此，制度本身同样存在着变迁的可能性。制度的动态性或制度变迁的可能性，为群体行动提供了时间上的自由度，而这一自由空间的存在为群体行动创造了机遇。

第三，制度空间塑造逻辑的双向性。制度空间塑造逻辑的双向性是指制度规范的形成并非仅依赖于国家自上而下的制度设定逻辑，同时依赖于民众实践活动对制度所做的自下而上的修正，甚至重塑逻辑。来自社会底层的实践与官方启动的改革在对制度的塑造逻辑上尽管存在自下而上和自上而下方向上的差异，但事实上在当前的社会环境下，二者均处于摸着石头过河的过程。国家与民众、政治精英与普通民众在社会实践过程中通过不断合作、博弈，并在这种充满张力的互动过程中，共同影响着制度的样态与制度变革的方向。这种博弈就宏观的政策过程而言，反映出政府作为政策的制定者在公共政策中的相对优势，然而，在这一过程中也同时显现了基层民众自下而上的政策作用力。特别是在当前的经济社会转型发展过程中，市场主体在与民众的互动过程中催生了一大批新业态、新发展模式，此类新模式与原有制度空间形成了激烈的碰撞，而随着拥护新经济模式的群体的不断壮大，以及此类群体所掌握的社会资源和集体行动工具的大规模增加，在此背景下所产生的诸多群体性事件，又以激进的方式倒逼政府对原制度进行反思、变革①，进而自下而上地对制度体系、制度空间进行了重新塑造，加快了新制度的生成步伐。由此可见，制度源于实践，同时也塑造了实践。Leung 与 Pun 在对工人集体行为的研究中发现，在社会转型期间，工人的生活经历与生活方式的变化与长期的工业化相关，为他们主动进行自下而上的制度空间的拓展提供了丰富的资源。因此，社会的转型为由民众推动的转型提供了双重机遇：既带来了社会成员生活形态的变化和集体的团结资源，又提供了可运作的制度空

---

① MARCH J G, OLSEN J P. Rediscovering Institutions: The Organizational Basis of Politics [M]. New York: Free Press, 1989.

间。① 此外，考虑到当前民众的教育经历、发展期望以及社会视野等均有了相当程度的提升，且民众在接受学校教育与工作经验的积累中，不断地刷新着自身的诉求并扩展着社会关系网络。因而，制度空间中民众即使在面对政府自上而下的规制力量压力，仍然能够运用一定的非正式网络关系、动员工具在制度中寻找新的空间。

由此看来，制度作为政府进行社会控制的基本依据和塑造社会行为的重要力量，具有对群体性事件等越轨行为进行规制的自然约束力，而由于制度本身的模糊性、动态性与制度空间塑造逻辑的双向性，导致了制度对社会行为的约束并非表现为单一的刚性约束，而会受到政府对制度的应用、特定事件发生情境等因素的影响。

第三节　政府部门间的联动效应

一、群体性事件所涉问题的跨部门性

政府部门之间的联动是地方政府在进行社会控制过程中所能够依赖的关键性内部力量。当前群体性事件所涉及的各类行动者的价值取向日益复杂化、多样化，且由群体性事件所产生的影响已经超越了特定的政府部门和特定的政府监管范围，从而具备了显著的衍生性和辐射性等特征。这事实上也意味着，仅依托单一的政府部门很难具备解决群体性事件的所有权力和必要资源。鉴于群体性事件治理中显著的跨部门特性以及单一政府部门可用资源的有限性，政府在社会治理过程中能否对水平方向上各部门资源进行有效整合变得极为关键。在群体性事件治理中各政府部门能否实现高效联动以及联动的力

---

① NANG L P, NGAI P. The Radicalisation of the New Chinese Working Class: A Case Study of Collective Action in the Gemstone Industry [J]. Third World Quarterly, 2009, 30（3）: 551–565.

度和分工合作的能力，一定程度上决定了政府在群体性事件治理中的响应能力、对事件的处理能力以及各类针对性决策方案的落实能力。因此，政府各部门之间的联动成为影响政府在政策工具选择中能否占据主动的关键性要素。由此，各政府部门之间的联合行动构成了群体性事件进行治理的必要条件。

二、政府部门联动机制

政府部门之间的联动可以被定义为两个或两个以上的政府部门共同针对某一问题进行合作解决，通过协同工作而非独立行动，来增进处理问题能力的行为。[①] 政府部门之间的联动机制是影响政府治理能力的关键，也是影响政府政策工具选择的重要内部控制性要素。从政府部门联动的基本形态来看，既包括垂直方向上不同层级政府部门之间的联动，也涵盖同一层级政府部门之间的联动关系，但一般而言，在某一地域内发生的群体性事件主要涉及地方政府各部门间的协同合作关系。就政府部门间联动的前提和基础而言，主要反映在以下几个方面：

第一，各部门之间互惠关系的持续性所建构的利益基础。政府部门间的合作并非一次性的博弈问题，而是需要在长期、多次合作中寻找利益平衡的长期性问题。罗伯特·阿克塞尔罗德（Robert M. Axelrod）在关于"重复双人囚徒困境"与"重复囚徒困境"理论的分析说明，及其在"回报的战略"中指出，未来可预见的合作机会以及潜在的回报，都能够在一定程度上促使某两个或多个部门合作共识的达成。[②] 因此，实现部门之间合作的重要基础在于合作中的长期互惠关系的建立。即使某一部门在合作行动中并未得到预期的回报，但只要在未来的合作中预计能够以某种形式得到回报，仍然能够促成合作的实现。长远看来，政府部门之间形成稳定而互利的合作模式，要比基于任务式联络或基于纯粹的信任关系建立起的合作机制更为必要且更能持久。一般而言，政府部门之间的合作被理解为政府职责范围内的本职工作，然而

---

① 巴达赫. 跨部门合作：管理"巧匠"理论与实践［M］. 张弦，译. 北京：北京大学出版社，2011：6.

② AXELROD R M. The Evolution of Cooperation［M］. New York：Basic Books Press，1984.

阿克塞尔罗德对政府部门基于长时段内回报对等性的研究，为政府部门之间的合作动力研究提供了区别于基于自然责任、政治使命或部门间的友谊、成员信任关系等的分析视角，为理解政府部门在某一公共事务中的协同合作提供了重要思路。

第二，联动共识所建构的思想基础。政府部门间的联动产生的首要条件在于至少拥有一个本部门之外的其他部门与其在某一问题上达成一致，并同意与之共同开展行动。不同的政府部门拥有共同的行动意愿与行动目标，是在群体性事件治理中达成共识并行动的思想基础，而群体性事件恰恰能够为推动政府部门的合作提供必要的契机。不同性质、规模、强度的群体性事件对政府部门合作的必要性能够形成有力的刺激。在规模较小、涉及利益问题相对较少的公共事件中仅依赖某一公共部门即可进行有效的解决，而在性质严重、规模较大、强度较高的公共事件中，则需要调动更多公共部门的参与，进行联合行动来解决。因而不同群体性事件能够对政府部门联动必要性产生差异化的影响。各政府部门在特定群体性事件刺激下所做出的反应与对联合行动必要性的认知，构成了政府部门联动的前提与基础。

第三，资源禀赋差异所形成的联动资源基础。不同政府部门在资源禀赋上的差异是不同部门共同投入某一公共事件中，并开展共同行动的诱因之一。不同政府部门作为联动的主体，在政治体系中占据着特定的位置，这决定了某一部门在某一特定领域拥有独特的优势，同时也具备在不同的社会治理情境下解决某一问题的相对优势。这些相对优势资源既有可能是基础设备、活动场所等有形资源，同时也涵盖权力关系、社会关系、声誉权威等无形资源。因此，当某一部门在特定的群体性事件治理中，如果欠缺某一方面的资源或在某一资源领域依赖其他部门，那么不同部门之间即具备了寻求合作的动机。因此，在特定的公共事件处理中综合各部门之间的相对优势、发挥不同部门的资源禀赋，是应对不同事件复杂性并规避单一政府部门能力局限的主要依托。

总之，在社会冲突较为激烈的群体性事件中，不同类型、功能的政府部门之间能否实现即时联动，以及联动的力度、分工合作能力的强弱，在一定程度上体现了政府在政治系统中对各部门资源水平的整合能力，进而决定了政府在群体性事件中的反应能力、突发事件的处理能力和政策工具施行的效率与效果。

第四节　讨论与小结

本章是对群体性事件治理中政府政策工具选择所依赖的内部要素进行的理论分析。群体性事件治理中政府政策工具选择首先依赖于其内部的控制力，主要包括上级政府与地方政府核心领导人的政府注意力配置、地方政府各部门之间的联动以及对制度性规制性手段的应用。第一，政府注意力资源配置要素是反映政府关注度与决策优先性的重要变量，也是反映地方政府治理能力的核心要素。在一定的时间范围内，政府部门的决策者基于有限的时间、精力与成本，只能将注意力集中在部分较为重要且关键的事项上。不同政府层级在不同的群体性事件治理中往往配置以差异化的政府注意力，从而导致政府注意力在诸多公共事务中配置不均衡的局面，因而在对政府注意力这一要素的分析中，主要从注意力配置的内在原理、政府注意力配置与政策工具样态的匹配关系，以及其中较为关键的上级政府态度和地方政府核心领导人注意力方面进行了理论阐述。第二，政府部门受制于职能分工因素的影响，各部门在不同领域具有不同的资源禀赋和差异化的权限配置，而群体性事件所涉及问题则具有显著的多样性与复杂性。因此，政府部门权限与职能的单一性和群体性事件的多样性这一矛盾，使得政府在针对群体性事件的处置中具有显著的跨部门特征，同时不同政府部门能否实现联动是反映政府资源调动能力、内部控制能力的重要变量。因此，政府政策工具的选择就内在层面而言，必然要考虑各部门联动性要素。第三，制度对社会活动的约束是政府政策工具选择中地方政府提升其工具选择主动性与社会控制力的又一关键要素。制度设计规则，规则抑制暴力，其作用在于对社会越轨行为以制度的方式进行调整和控制。因而，相关制度所预留的空间大小，一定程度上能够反映政府对群体行动控制力的强弱，而制度规范本身不仅蕴含了一种资源的分配属性，同时也包含了一种空间属性，即制度所框定的某些行为可为或不可为，某些行为被鼓励或被排斥。因此，制度预留空间构成了群体性事件治理中政府政策工具选择的又一解释性变量。

第四章

群体行动治理中政策工具选择的外部压力性要素

社会学家麦卡锡和左尔德在对诸多群体行动的分析中认为，社会冲突频率的增加并不意味着社会矛盾和民众的相对剥夺感在上升，根本原因在于群体行动所能够动用的资源得到了快速的增加。尽管麦卡锡的观点在中国的社会情境下是否可信仍然存疑，但就当前我国群体行动而言，民众向政府施压的手段与资源的确呈现出多样化趋势。更为关键的是，当前关于群体性事件扩大化所产生的负外部性边界，已经超越了群体性事件实际所能够波及的地理范围，继而扩展到更加广阔的社会舆论边界。反对性的舆论声援与大规模的社会问题加速扩散以及社会组织等其他社会主体的干预，使群体性事件派生出来的负外部性转嫁到政府自身，而对政府形象与公信力产生严重的负面冲击。在当前我国服务型政府的建设进程中，民众关切与政府回应、政策形象的建构与巩固，已成为极其重要的治理面向。因此，在政府政策工具的选择中，切实考虑可能面临的外部压力是进行科学合理的工具选择、完善基层治理中无可回避且需审慎考虑的重要因素。本章即是对影响群体性事件治理中政府政策工具选择的主要外部因素的理论探讨。

第一节　组织化行动过程与关系演变

群体性事件中临时聚集型组织的组织化行动是政府在政策工具选择中需要考量的外部要素，组织程度与组织化行动强度的高低、组织化行动规模的大小，均在一定程度上影响着政府政策工具的选择。以下从临时聚集型组织建构的共识基础、聚集型组织的形成途径、组织化行动三方面对这一要素进行阐述。

一、临时聚集型组织建构的共识基础

临时聚集型组织即是在相对较短的时间内围绕某一事项聚集而成的组织，其不仅指时间上的长短，而且指组织存续时间的有限性。此类具有一定的任务型特征，其功能在于完成某一任务，因而该类组织的边界具有一定的模糊性、开放性，特别是在群体性事件中把利益或信念结合在一起，其形成、发展与解散均依赖于任务是否完成、目标是否达成。[①] 任务的完成、群体性事件的解决即伴随着组织的解散。[②] 临时聚集型组织所执行的任务目标具有有限性特征，往往围绕相对有限的任务来开展活动，当组织目标达成，即宣告组织的终结。就构成团队而言，其组织规模、边界、职能以及行动工具的选择都依赖于任务本身的临时性与随机整合的特质，在组织成员的归属感上，临时组织成员的归属感具有一定短时性的共同体特征，受限于组织的临时性，而呈现出相对较弱的组织依附性。[③]

影响临时性组织的组织化程度的核心在于群体共识的凝聚。而群体共识的构建又依赖于以下几个因素：其一，某一群体性事件中的不同参与者之间建立起的共享意义，也即个体行动者之间能够相互认同的价值与偏好。曼纽尔·卡斯特（Manuel Castells）认为"认同是人们意义与经验的来源"。通过涉及社会行动者的认同概念，他将认同意义的产生过程置于一种价值判断和价值选择的层面来进行理解，而认同中所蕴含的意识层面的属性相对于意义的其他来源要占据优先地位。[④] 在他看来，所谓认同的价值也在于不同个

---

① 张康之，李东.论任务型组织的资源获取能力［J］.公共管理学报，2008（1）：100-105.

② 张康之，李圣鑫.论任务型组织的解散及其动力［J］.湘潭大学学报（哲学社会科学版），2008（2）：75-79.

③ 严玲，邓娇娇，吴绍艳.临时性组织中关系治理机制核心要素的本土化研究［J］.管理学报，2014（6）：906-914.

④ 卡斯特.认同的力量［M］.曹荣湘，译.北京：社会科学文献出版社，2006：5.

体在意识与心理层面对某一事物在认知上的共通性和共遵性，而认同的价值即源于其能够在意识相对趋同的情境下，强化集体行动的能力。在哈贝马斯（Jürgen Habermas）看来，政府与政治的合法性也意味着"某种政治秩序可被认同的价值"①，也即政府的价值导向。政府主导制定的制度和政策及其实施的后果，是否能够得到民众源自内心的认可和支持，对社会群体行动具有重要的影响。

群体共识的形成和共享意义的建立，构成了群体性事件中临时性组织建立的心理准备和群体行动中实现行动力维系的内在驱动要素。群体内部社会成员之间的心理认同，以及建立在心理认同基础之上的情感共鸣是共识形成的根源。而不同个体所共同面临的社会问题，事实上反映出一种共同利益对个体或群体行为的塑造功能。不同社会成员所运用的知识库或长期以来形成的经验储备即根植于社会结构中，且在频繁的社会互动中，产生了具有共享性的意义、规范与权力。在这一过程中形成了一定的语义规范、行为规范，群体中的不同个体能够通过辨析其他成员的语义、观察其行为了解其内在意图。其中，这一规范的达成不仅包含了权力要素，而且涵盖了具有内在约束性或强制性的群体价值规范。某一群体成员在现存的社会必然性内化过程中，逐渐被灌输了一整套的情感倾向，在群体有机体意识中深深地打上了群体行为惯性和外在现实约束的烙印。

群体成员在群体性事件中所形成的共有心智模式的约束下，容易在该群体内部达成一种心照不宣的"认定"。这一"认定"即所谓的群体共识，因而群体共识达成背后的内隐性制约逻辑，是群体成员自身并未意识到的严密秩序或社会结构下的行为惯性。相对而言，人们在相互交往过程中，位于相同处境中的个体容易将注意力集中在同样的事件上，从而形成一种强烈的群体边界感。在群体性事件中这种群体边界感被不断塑造，进而形成了代表或象征该群体的标签或符号，即"各种象征符号逐渐成为这一群体的表征"，同时这些符号逐渐内化于群体成员，并受到该群体的认可以及他们的遵守。在群

---

① 哈贝马斯.交往与社会化［M］.张博树，译.重庆：重庆出版社，1989：184.

体行动者进行交流的过程中，形成了一种情感的能量，从而引导人们向着群体普遍期望的政府回应上靠拢，进而构建出一种内化于该群体的普遍化信仰或情感。同时这种内化于群体行动者之间的情感，能够进一步促成群体内部共同意愿的实现，在团结中，提高了群体共识得以达成的机会。①

其二，临时聚集型组织的组织化行动共识的构建，还依赖于促成群体共同意识凝聚的导火索的出现。行动共识的触发机制是促使共识达成的直接诱因，区别于共识形成的内在心理要素。行动共识形成的深层次心理因素具有一定的内隐性。相对而言，共识凝聚的导火索具有一定的偶然性与突发性，往往在公共政策发生变动或社会环境中出现其他重大变动，如与本群体利益关系密切的公共政策的出台、领导集团的变化、社会经济转轨等事件的发生，往往会成为引发不同群体关注、凝聚社会群体注意力的关键契机。然而值得注意的是，在群体行动中参与者之间共识的达成并非总依赖于该事件与参与者间的利益关联，在众多的公共事件中，事实上还存在诸多与事件并不存在利害关联的行动个体。对于此类并不存在直接利益相关性的参与者而言，其参与共同行动的意义并不在于自身需要达成某种利益或捍卫某种权益，而是借此机会进行情绪发泄。② 此类群体作为群体行动的边缘人，能够起到凝聚共识、提升民众对政府施压能力的作用。由此可见，共识的触发依赖于焦点事件中的"直接利益相关者推动"与"非直接利益相关者扩散"的共同作用。与群体参与者相关联的重大突发事件，不仅是群体性事件中临时聚集型组织得以建构的关键，同时也是社会中看似常规矛盾的一种集中爆发和对政府决策行为的一次深刻触动。

其三，相似的社会土壤与生存处境是群体行动参与者在其生产生活中所共有的社会活动场域。群体行动者的心理与行为模式，既依赖于社会土壤，同时又受到社会土壤的限制与约束。胡塞尔、卢克曼、舒茨以及哈贝马斯等

---

① 王浩斌，黄美笛.论哈贝马斯的真理共识之思：基于情感视角的分析［J］.山东社会科学，2020（7）：22-27.

② 朱志玲.结构、怨恨和话语：无直接利益冲突的宏观条件形成机制研究：基于斯梅尔塞加值理论的思考［J］.中南大学学报（社会科学版），2013，19（3）：91-97.

均对群体共同的活动场域进行了分析。在他们看来，群体共同活动场域即某一群体在相似的知识背景下开展交往互动的视域或行为空间，即哈贝马斯所指出的"言说者和倾听者相遇的先验场所"。然而就实践过程而言，群体所处的社会土壤是由政治环境、经济环境、文化环境以及各类偶发性要素共同建构而成的。特别是在当前市场化改革过程中，由于社会成员之间的利益不均衡性与非同步性逐渐扩大，不同群体出现了利益获取方式与效果的差异，进而造成利益差异，进而在集群性行为中反映出不同群体所处的生存环境对其带来的深刻影响。因此，在某一公共事件中，群体行动中的参与者在一定的社会土壤中开展互动交流，而在相似的社会土壤中易于形成能够互相接受的价值观，继而为共识的谋求奠定了基础。此外，生存处境除了强调其所处的环境，同时隐含了个体或群体对其所处境遇的主观感受。在某一公共事件中具有利益相似性的群体成员所处的境遇同样具有一定的共通性。因此，能够为群体成员提供相似的心理认同或情感认同，进而获得组织建构的共识基础。

二、临时聚集型组织的形成途径

临时聚集型组织主要源于具有相同意志的社会成员自发形成的组织与在某些个体动员下产生的临时聚集型组织。其中，自发型临时组织建构，是群体中的参与者自发形成了对某一涉及其自身利益的政府决策或政府行为发起群体行动必要性的认识，通过相互感染的方式，加入群体行动中。心理学在对集体行动规律研究的基础上，归纳出集体心智理论。该理论认为，集群行为中潜存着个体心智趋同法则，不同个体之间通过无意识、传染、暗示等情绪和行动方式的扩散逻辑塑造群体心智模式，进而导致理性或非理性的群体行为。斯科特（James Scott）研究指出，民众行动者运用心照不宣的理解与非正式网络就能形成一种反对性的力量，而不需要进行事先的计划与协调。[1]促使群体成员产生抗议冲动是受自然习得的价值体系影响，在外界刺激下无意识地作用于个体的认知。分散的个体躁动经过集体磨合、集体兴奋和集体感

---

[1] SCOTT J. The Weapons of the Weak：Everyday Forms of Peasant Resistance［M］. New Haven：Yale University Press，1985.

染三个阶段，实现不安和恐慌，甚至愤怒的情绪在群体中不断膨胀和扩散，进而诱发群体骚乱。①

动员型临时组织的建构，是由某些个体通过舆论传播等方式进行动员而激发起的群体共识，继而推动临时性组织的形成。由于民众在利益遭到威胁时的行为反应受到社会差序格局的影响，具有不同经济、社会地位的个体所能运用的社会关系网络具有较大差异，对于可用资源极为有限的群体而言，即使在遭到损害时仍倾向于选择沉默，而外在动员则是打破这种沉默关系、发动群体行动的关键力量。② 利益相关的民众从个体碎片化的"气"转化为群体行动的意志，需要精英或"草根"通过策略性游说或其他信息传播的方式，来不断强化与符码化个人环境中的对象、情境、事件、经验与行动顺序，来对个体行为进行人为的引导和经营。③ 而这一过程同时也是动员者话语权威的塑造过程，临时聚集型组织的首创者最先对人们普遍关切的某一问题产生了看法并表达出来，然后得到相当数量社会成员的赞同，从而形成了建立组织的共识。在动员策略选择上，动员者往往会利用民众与政府，特别是民众与地方政府之间的不信任因素，塑造个体的相对剥夺感，激发民众与政府的对立情绪。受群体性事件核心问题影响的民众在对动员者的言论进行简单判断后做出认同或否定的决定，而符合大众心理、契合民众认知的"理由"在得到群体成员的广泛认同后，即形成了话语权威，或称之为动员者号召力，使民众中的利益相关者从"无知者"与"隐忍者"转化为"从众者"和"行动者"。④ 在网络空间的信息传递中，这种动员者号召力往往表现为网络大 V 或专家学者的号召力，这种互动关系的不断维系和强化，成为建构与巩固临时聚集型组织的主要动力。

---

① BLUMER H. Elementary Collective Behavior [M] //LEE A M. New Outline of the Principles of Sociology. New York: Banes & Noble, 1946.

② 冯仕政. 沉默的大多数：差序格局与环境抗争 [J]. 中国人民大学学报, 2007（1）: 122-132.

③ 黎相宜. 精英型与草根型框架借用比较失地农民与知识精英的集体抗争 [J]. 社会, 2009（6）: 107-126.

④ 奥立佛，马维尔. 集体行动的动员技术 [M] // 莫里斯，谬勒. 社会运动理论的前沿领域. 刘能, 译. 北京：北京大学出版社, 2002.

其中，因动员者的目的不同，动员者来源也有显著差异，动员者本身既有可能是民间群体行动中的一员，也有可能是政府机构内部官员出于与其上级或政见相左者开展权力斗争目的，通过透露内部信息、出谋划策等方式支持有一定社会影响力的人物，间接对利益相关民众进行动员。[①] 而动员者所运用的官民间不信任的因素，既可能源于民众与地方政府互动过程中不信任因素增加带来的微妙变化，同样也存在于长期以来民众与政府工作人员互动过程中形成的固有印象。前者是部分民众与地方政府动态交涉中产生的不信任感，后者则是静态意义上政府公信力不足在公共事件中的集中反映。[②] 由此可见，无论群体行动是源于非计划性的群体成员的相互感染，还是计划性的策略动员，均反映出群体行动爆发对群体共识的依赖。

三、组织的组织化行动力与组织关系的维系

（一）组织的组织化行动力。在当前信息传播渠道相对便捷的条件下，部分行动者往往通过线上渠道分享彼此掌握的信息，商议共同关心的议题，策划聚集的时间、地点、规模、方式等，或者通过在线下与普通民众以及具有影响力的个体进行互动来结成行动组织。[③] 群体性事件中的参与者，通过发布符合大众心理的言论，以此来网罗利益相关者，进而加快群体性事件辐射范围的扩张，而组织化行动力的强弱直接关系到组织的规模、凝聚力及其影响力。

（二）组织化行动过程中存在的隐形约束力。组织化行动过程中隐形约束力的强弱事实上同样能够对组织行动力产生影响。一般而言，组织化行动中，如果存在隐形约束力的规制，往往有利于提升组织化行动能力，使组织化行动不易在活动过程中被瓦解。心理学研究发现"群体精神具有统一性的

---

① 李连江；刘明兴 . 吏绅共谋：中国抗争政治中一只隐蔽的手 [J]. 二十一世纪，2016（157）：57-67.

② 王英伟 . 权威应援、资源整合与外压中和：邻避抗争治理中政策工具的选择逻辑：基于（fsQCA）模糊集定性比较分析 [J]. 公共管理学报，2020（2）：27-39.

③ 郑旭涛 . 邻避事件的性质与演变机制：基于近十年典型案例的研究 [J]. 天津行政学院学报，2018（3）：26-32.

规律"，即当某一社会群体中的个体与群体主流的价值选择相一致时，个体能够在群体中获得认同感与归属感；反之，个体即会承受巨大的压力，甚至来自群体的惩戒，如通过将反对群体行动驱逐出圈的办法来维系群体的团结。[①]奥尔森（Mancur Lcoyd Olson）从群体对个体的激励层面论述了这一同类群体中所存在的显性或隐性的约束力。他所提出的"选择性激励"的概念，是对在群体行动中搭便车行为的规避，以及对集体行动中积极推动者的激励。在他看来，组织能够依托在物质或精神上奖励或惩罚等办法，维系组织的纪律性。[②]

事实上，在行动组织建构的过程中，组织中所凝聚的意志又易于转化为群体压力，迫使处于信念边缘的群体成员服从动员者的指令，使动员者的言论被合理化。某类言论被合理化的过程中所生成的群体压力，容易演变为一种带有一定规制性、共遵性特征的约束力，构成了维系临时组织纪律性、防止群体活动被中断的一种隐形约束机制或"软制度"，而在一个共同体中，软制度的维系还依赖于某种惩罚而得以贯彻。与之相应，群体内部的共享意义或内隐性的行为规范，能够触发个体对其行为的"反思监控"。这种"反思监控"即将自身行为与其所处社会结构中共享的意义和价值标准进行对照，在群体共同经历与个体的不断对照中，进一步巩固个体与其所处群体的心理共同体意识。[③]而在实践过程中，并非所有的利益受损者均有意愿参与群体行动，但无意参与群体行动的成员可能招致已经决心参与抗议活动者的排斥、孤立，甚至是打压。

因此，群体行动会对无意参与群体活动的个体或"边缘活动者"产生隐形的力量挟制，以此来强化临时聚集型组织的组织性，但实践中同样能够发现，群体性事件中的参与者所谓的组织的纪律性仍具有一定的脆弱性，即由成分较复杂的人员所组成的临时聚集型组织，事实上所结成的是一种脆弱

---

① 塔罗.运动中的力量：社会运动与斗争政治［M］.吴庆宏，译.南京：译林出版社，2005：133.

② 奥尔森.集体行动的逻辑［M］.陈郁，等译.上海：上海三联书店，2014.

③ 杨敏.社会行动的意义效应［M］.北京：人民大学出版社，2005：283.

的团结文化。临时聚集型组织中的活跃者通常并非事先有过联系的群体，而且临时聚集起来的组织通常也并不会设定任何被组织奖励的条件，积极分子在事中或事后也并不会获得奖励，同时在群体性事件中并不总是存在因边缘行动者违背群体行动共识而被施以惩罚的现象。因而，群体性事件中的临时聚集型组织与常规组织行为活动中的收益共享、损失共担的情况具有一定的差异。

四、行动组织的分化与终结

临时聚集型组织的终结很大程度上意味着群体性事件中治理危机的解除，社会矛盾的消解、转移或分化。群体性事件中临时聚集型组织的分化与转向，源于群体行动在某一与自身利益切实相关的公共事件中行动共识的消解。具体而言，主要有以下三方面的原因：第一，焦点问题的化解。群体行动共识在某一与群体利益密切相关的公共事件中产生，而在焦点事件的核心矛盾被解决的情况下，共识凝聚便失去了维系的基础，继而出现分化与转向。第二，反向的共识动员。群体中的个体成员同样可能出现反向动员者，即与动员群体成员参与群体行动相反，某些社会成员同样能够利用个人影响力、社会渠道以及舆论媒介等方式进行反向动员。通过动员分解群体共识，从而阻止群体成员参与某一集体活动，以实现共识的分化。共识的反向动员是导致共识出现破裂或碎片化的主要方式。从反向动员者来看，既有可能存在于群体内部，同样也有可能存在于其他群体，或者其抗议的对象中，如其他利益团体等。事实上，群体共识的动员与反向动员二者力量的强弱，是影响群体共识能否凝聚、群体抗议是否可持续的重要因素。一般而言，在某一群体行动中，权益受损者往往扮演着行动的动员者或被动员者的角色，而政府则处于平抑群体争议、促进社会稳定的反向动员者角色。因此，在某一与群体利益密切相关的公共事件中，抗议民众与政府之间的动员与反动员二者的博弈过程，是决定群体性事件能否被有效化解的关键。当政府通过一系列手段，通过反动员的方式，促使群体行动者的共识破裂时，即出现了集体行动组织的分化与民众集体行动能力的削弱，而临时聚集型组织的分化过程直至破裂终结，也直接导致了群体行动难以为继。当终结确实发生时，它通常是突然出现或者经过长时间的消减得以实现，也即存在"突发型"与"长泣型"两种终结方式。而突然性的共识破裂和渐进性的共识消解，反映了群体分化在时间层面的差异，当反动员力量逐渐超越群体的共识凝聚力时，围绕某一公共事件而进行的群体行动被分化直至解除。第三，其他更为紧迫问题的冲击，会冲击对原事件的关注，从而导致因原矛盾纠纷而凝结成的共识被削弱，进而使群体注意力焦点转移到其他事件中，而导致共识的转向与实际抗议程度的削弱。

第二节　社会组织扮演的角色及其影响

一、社会组织在群体性事件中的角色

社会组织是以代表和维护某一群体利益为宗旨的常规型组织，常规型组织区别于临时型组织的主要特征在于，其是以组织自身的存在为导向的，权力关系存在于内部等级结构之中，是由岗位与职责相匹配建构而成的一个层次化的控制体系。尽管社会组织具有较为显著的志愿特性，但依然有赖于相对完整、权力体系明确的组织结构。组织成员建立起对命令即控制机制的认同时，这种等级权力关系结构才能保持长久稳定。有鉴于群体性事件的偶发性，群体性事件较少地涉及与之直接相关的常规组织，但由于社会组织不仅扮演着社会公共服务的第三方志愿供给者角色，往往还具有调节社会矛盾、表达民众政策诉求和缓冲政社冲突的功能，[①] 因而，在研究群体行动中的政策工具选择的影响要素中，有必要对社会组织这一要素进行探讨。

---

① 何增科．公民社会与第三部门［M］．北京：社会科学文献出版社，2000：390.

二、社会组织对政策工具选择的影响

从社会组织成立的初衷来看，社会组织本身具有一定的民意倾向性，即"对其为之服务的人民心声做出回应"[①]。但就其所面临的实际发展状况而言，社会组织与政府的关系是影响其功能与作用能否得到有效发挥的重要因素。中国社会组织的产生与发展很大程度上依赖于政府对社会组织功能定位与政社二者之间结构功能的理性建构，呈现出政府主导的鲜明特征。政府既需要通过引导社会组织发展，来提升公共资源的供给效率，同时需要对社会组织进行管制，以保证正常的社会秩序与政治秩序不被社会组织的行为过分干扰。因而，政府既要放权于社会组织，也要规避社会风险，根据社会治理的需求来对政府与社会组织的关系进行调整。由此，政府对社会组织的管理思路也间接地影响了社会组织的行动立场、功能和作用。因而在这一情境下，不同社会组织的代表性与行动能力呈现出较大的差异性，甚至产生了截然不同的治理效果。

从积极层面来看，尽管中国社会组织不同于西方民众群体行动中社会组织所扮演的激进角色，且未成为群体性政策行动的主要动员和引领力量，但就行动所依托的整体治理链条而言，社会组织实际上已经从最初的象征性原子化的借力式倡导、联盟化的宏观式倡导，转向了实质性的链条化下沉式倡导，已经具备了政策企业家的基本特征，呈现出显著的在场性。[②]社会组织对群体性事件的介入在优化地方政府、民众和市场三者间的关系、减少反复博弈中的利益冲突等问题中发挥着重要作用。[③]伴随着近年来政府所采取的一系列完善社会组织监管、促进社会组织健康发展规范的出台，不断革除引发政府与社会组织功能模糊、结构紊乱的负面因素，政府与社会组织逐渐走向共建、共治与共享的发展格局，对社会组织作用的发挥产生了积极影响。

[①] BEBBINGTON T, FARRINGTON J. Governments, NGOs, and Agricultural Development: Perspectives on Changing Interorganizational Relationships [J]. Journal of Development Studies, 1993（2）: 199–219.

[②] 谭爽. 草根 NGO 如何成为政策企业家？垃圾治理场域中的历时观察 [J]. 公共管理学报, 2019（2）: 79–90.

[③] 陈红霞. 英美城市邻避危机管理中社会组织的作用及对我国的启示 [J]. 中国行政管理, 2016（2）: 141–145.

第三节　社会媒体的话语力与舆论压力

　　社会媒体不仅是信息共享的平台，而且是多元利益主体话语交互的重要媒介。其在呈现个体或群体话语的同时，推动公共议题空间从局域空间向广域空间拓展，反映出强大的社会舆论引导力和情绪动员能力。特别是在群体性事件等具有广泛社会影响性的公共议题上，社会媒体无论是在介入动机，还是干预方式上，均表现出较高的行动能力和行动积极性。从社会媒体在群体性事件中的行为动机来看，社会媒体对某一热点话题的关注不仅关乎其报道的实效性，更关系到媒体本身的社会关注度和发行量，而其生存和发展的基础即来源于此。因而，社会媒体在话题的选择上，更倾向于能够引起大众共鸣的焦点性事件，而在话语表达中也更热衷于站在民众的角度进行倡议，来提升其受众认同度，塑造其品牌形象。就社会媒体介入群体性事件的方式而言，主要依赖于信息传播、行为倡议及舆论动员功能。在这一功能的发挥过程中，社会媒体能够在群体行动者中建构并塑造群体身份认同，突出群体行动参与者的相对剥夺感，继而强化群体行动参与者对活动的忠诚度。群体性事件中社会媒体所反映出来的强动员和高共识聚合能力，能够为群体行动提供较强的舆论公器，而对政府政策工具的选择产生直接影响。① 由此，促使社会媒体成为影响群体性事件治理中政府政策工具选择的重要外部要素。以下从社会媒体的叙事逻辑、媒体信息所蕴含的权力属性及其影响力的生成基础、社会媒体对政府的施压能力与限制性三方面进行阐述。

---

① 科恩，艾米克.新有效公共管理者［M］.王巧玲，等译.北京：中国人民大学出版社，2001：181.

一、社会媒体在群体性事件中的叙事逻辑

社会媒体功能与作用的发挥与其内在叙事逻辑密切相关。就媒体话语的内在叙事逻辑而言，主要依托两类叙事逻辑：一是反映行动者的情感选择逻辑，二是反映行动者的理性选择逻辑。

其中，社会媒体反映的行动者情感选择逻辑，指的是社会媒体能够通过文字、图片、视频、声音等渠道对个体或群体的情感、情绪等信号进行传递和扩散。社会媒体中的相关事实陈述、新闻评论、留言互动等均会有意识或无意识地反映出言说者的动机、偏见、热认知等。[1] 由于情感性要素具有一定的自发性和先导性，个体在对某一事件进行评价时，其内在的情绪性要素更容易被激发。相比而言，理性话语或理性态度的呈现则需要调动更深层次的思考，以至于难以在短时间内被提取。[2] 因此，媒体舆论中往往呈现出大量个体或群体的喜欢或不喜欢、赞同或反对、赞赏或批评等感受性叙事话语。情感心理学对影响个体或群体社会行为的负面态度和话语进行分析时，指出个体或群体在负有"怨气"的话语中，所蕴含的不满意、负气，甚至报复心理产生的原因。在其看来，怨气是在行为主体利益遭到损失、产生情感纠葛，或者尽管处于某一事件中的个体并未遭到直接损失，但通过回忆自身类似的受损经历，同样可能产生借机报复心理，包括语言报复和肢体抗议行为等。特别是在媒体舆论氛围的渲染下，个体在与其他行动体的互动中不断获得并累积能量，促使其认知高度情感化，甚至丧失对话语及行为后果的反思，进而在某种情境下，个体脱离理性与物质利益的束缚，产生非理性行为。[3] 因而，在个体涉及自身或与之相关的公共事件中，个体的行为并不完全依赖于对利益得失的理性算计或某些程序的引导，而主要诉诸社会情绪、过往经历的渲

① TABER C S, LODGE M. The Illusion of Choice in Democratic Politics: The Unconscious Impact of Motivated Political Reasoning [J]. Political Psychology, 2016 (S1): 61-85.

② SHIFFRIN R M, DUMNIS S T. The Development of Automatism [M] //ANDERSON J. Cognitive Skills and Their Acquisition. Hillsdale, NJ: Erlbaum, 1981: 285-287.

③ 奥尔森. 集体行动的逻辑 [M]. 陈郁, 郭守峰, 李崇新, 译. 上海: 上海三联书店, 1995.

染作用。[①]而从扁平化的公众传媒平台来看，其恰恰为此类情绪的宣泄提供了绝佳的舞台，因而非理性的话语，成为社会媒体所呈现的社会舆论的一个重要侧面。

另外，社会媒体本身为了唤起读者、听者、言说者甚至决策者的注意力，倾向于表现出一种类似于"狙击手式的表达风格"，言论既浓缩，又富于戏剧性。社会新闻倾向于用夸张或含有歧义的标题，有滋有味且具有故事性的文字表达来吸引潜在受众，否则难以对已经被各种信息环绕的人的注意力构成有效的吸纳。受众在媒体平台上进行开放而活跃的表达，同样有助于强化社会舆论的轰动效应。如在微信公众号、微博等新媒体形式已然普及的当下，公众能够在此类兼具议题透明性、公开性，同时又具有一定言论私密性的公共话语空间进行情绪宣泄、态度表达，使得在现实环境中并不容易呈现的情绪性、非理性或冲动性话语能够得到更为充分的表达。与此同时媒体影响力与公共事件的扩散效应也在这一过程中得以增强。

社会媒体反映的行动者理性选择逻辑主要是指，个体或群体关于某一公共事件的记叙或评价性言论呈现出相当的理性而非冲动性。相比情感选择逻辑，理性选择逻辑则需要在媒体平台上发表意见者在经过相对全面的思考、论证后，再进行相应的评价。尽管理性选择逻辑同样表现为对某一事物好坏或利害、积极或消极等特定层面的评价，但由于其嵌入更多言说者的理性思考，而与情感选择逻辑形成了较大的区别。[②]一般而言，在媒体平台级别较高或较为严肃的话题中，个体情感选择逻辑会受到诸多条件的限制，而局限于内隐层面，理性叙事则在媒体表达中居于主导地位。[③]此外，需要明确的是，无论是理性叙事还是感性叙事，二者均与话语的客观性和正确性无必然联系，两者的差异仅反映在行动者情绪和态度的表达方式层面。

① 吕小康. 怨气：情感社会学的阐释 [J]. 社会科学，2017（8）：79–84.

② AJZEN I. Nature and Operation of Attitudes [J]. Annual Review of Psychology，2001（52）：27–58.

③ 王英伟. 媒体话语对政策过程影响机制的叙事式框架分析：以城市专车监管政策为例 [J]. 公共管理与政策评论，2019，8（4）：18–32.

二、媒体信息所蕴含的权力属性及其影响力的生成基础

社会媒体的公共性、舆论空间共享性及其强大的信息传播功能，使其承载了重要的社会价值属性。其在话语表达中所运用的文字、图像、视频、声音已成为个体或群体表达其思想的重要载体，抑或是呈现参与话题者内在态度和情感的语言表征。在一定社会结构和权力序列中，不同政策行动主体所传递的信息均以直接或间接的形式负载了差异化的社会意义和价值属性。[①] 不同级别、不同类别的社会媒体已在糅合私人空间和公共空间、拓展公共议题扩散范围中呈现出巨大的话语影响力和生态黏合能力。由此，媒体信息具备了一种区别于完全式官方话语的社会公器属性。

事实上，信息的传播是以信息的不对称为前提和基础的，没有信息的不对称也就无所谓信息传播，但信息占有者选择传播还是隐瞒，选择部分传播还是完全传播，以及传播的渠道是否畅通、接受者能否对信息进行及时的捕捉等均是信息可被作为工具利用的手段。关于信息对称性问题的研究缘起于经济领域，1970年由乔治·阿克洛夫（George A. Akerlof）提出了信息不对称的概念[②]，并在约瑟夫·斯蒂格利茨（Joseph Stiglitz）与迈克尔·斯彭斯（Michael Spence）所指出的逆向选择理论与道德风险理论等研究基础上实现了拓展。信息不对称指的是因市场交易双方所占有的信息数量、质量不同，导致其中一方占据信息优势的现象。而按照信息不对称发生的时间先后，又可以分为信息的事前不对称与事后不对称。其中，对事前的信息不对称问题的研究演化出逆向选择理论，即交易双方因信息占有量不同，消费者不了解商品质量等信息，而在交易中处于劣势地位的状况，其主要由于占据信息优势方在事前隐瞒了信息，而导致信息劣势方决策失误；而以事后信息不对称为基础研究的研究逐渐发展出道德风险理论，即市场交易一方由于不能监督另一方的行动，或在监督成本太高时，一方因掩盖不利于自身的行为活动，而

---

① 王英伟.媒体话语对政策过程影响机制的叙事式框架分析：以城市专车监管政策为例［J］.公共管理与政策评论，2019，8（4）：18-32.

② AKERLOF G A. The Market for "Lemons"：Quality Uncertainty and the Market Mechanism［M］// Uncertainty in Economics. Pittsburgh：Academic Press，1978：235-251.

导致另一方的利益受到损害。其核心思想在于占据信息优势方在事后隐藏了行动。由此引发的信息不对称现象对信息劣势一方利益构成了威胁。

信息是交易的工具，同时也是权力与影响力塑造的工具。在经济学领域，因信息不对称，衍生出的多样化交易机制，以及由此呈现出的信息工具属性，为理解公共事务复杂信息背后的公共事务行为逻辑提供积极的启发意义。米歇尔·克罗齐埃（Michel Crozier）等指出，信息不仅是一种感情现象，同时也是一种统治与反统治手段。①信息传播过程中不准确、不及时的问题导致了纵向或横向信息节点上分布的不均衡。这种分布的不均衡性进一步加剧了准确、及时信息的稀缺性，而不同行为主体对稀缺信息的占有状况的差异，推动了信息集中性的产生和信息等级链的生成。由此，信息占有量的多寡与权力之间建立起了密切关联。从信息交互的基本动力机制来看，人们进行信息的沟通与交流并非由于人们信息交往的手段和渠道的多样化、便易化，而是因为人们拥有交往的愿望。只有拥有信息获取与信息传播的内在愿望，才有了所谓的信息交互。人们对信息的渴望同样也并不止于了解事件本身，信息的权力属性也在发挥作用。因此，占有或选择性的传递信息恰恰是为了保有和获取权力。信息的非对称性恰恰会维护或强化这种权力等级关系并巩固和维持权力的封闭性。

鉴于信息传播过程中的首因效应，群体内部占据信息优势者发布具有轰动效应的言论，一旦进入民众的认知领域，民众对政府决策或政府行为的不良印象一经形成，信息优势者所具有的信息权或号召力即体现出来，而在类似信息的不断扩散过程中，决策者如未及时诉诸信息量更大、可信度更高的事实进行澄清，舆论环境即会陷入"认知—认同—狂热"的困境。而从信息不对称的生成原因来看，主要反映在以下几个层面：第一，由于当前信息传播与接收渠道的拓宽，信息环境更为复杂化，民众所掌握的信息量由原先的匮乏问题转向过剩问题。过剩、多变且混杂着误导性的信息相互交织，为受众判断和甄别带来了较大的难度。第二，以文字为媒介的传播仍然是信息传播的主要媒介，文字信息传播途径受到民众阅读习惯与阅读模式的影响。当

---

① 克罗齐埃，费埃德伯格.行动者与系统［M］.张月，译.上海：上海人民出版社，2007：89.

前简短资讯、浅阅读模式受到大众追捧，反而对有深度、有见地的评论以及事件发生和发展过程的来龙去脉缺乏耐心，普通民众对事件的判断往往依托简短的信息。这种碎片化的阅读习惯潜移默化地削弱了受众对事实的判断力。第三，信息受众的主观情绪是促发信息正面或负面效应扩大化的重要诱因。特别是在群体性冲突中，由于行动参与者在反抗事件中拥有较为强烈的主观情绪，倾向于捕捉政府决策的负面信息，即使该信息是未被证实的谣言。这种信息不对称的迭代虽然有利于倒逼出事实真相，但影响范围的递增也极易促使事件升级。特别是在元信息不断扭曲和异化后，更容易使民众与决策者之间的猜忌和矛盾加深[①]，从而反向推动临时聚集型组织的形成和壮大。第四，由于当前信息监管的不足，以至于大量存在误导性的言论难以得到及时纠偏。由于占据信息优势方往往拥有较为强大的信息汲取能力，其是否提供正确的信息，监管部门同样难以进行及时有效的辨别，即使能够进行准确辨别但也面临信息的时效性等问题。因而，监管的不足间接加剧了信息不对称问题的扩大化。此外，信息劣势方往往处于被动接受方，对事件的动态发展也依赖于信息优势方所公开的信息，缺乏寻求真实信息的时间与精力，即使其拥有了解事实的想法，但受限于各类客观条件，同样面临诸多不可行性问题。而从另一方面来看，信息对称性问题的解决有赖于信息优势方以真实、完整信息为基础，实现信息的公开和透明，让持有疑义的行动者能够及时、准确地了解政府的决策信息，这要比人为地隐瞒和回避更有利于降低群体性事件出现的可能性和其产生的破坏力。[②]

三、社会媒体对政府的施压能力与限制性

（一）社会媒体对政府的施压能力

社会媒体的话语力主要表现为媒体在特定的社会语境中所传达的信息的

---

① 王玉良.猜忌型公共冲突：内涵、诱因及其化解：基于一个典型样本的现实剖析［J］.社会主义研究，2016（5）：76-82.

② 唐远清，郄兴丽.论信息公开对网络流言的消解［J］.现代传播（中国传媒大学学报），2012（11）：65-68.

影响力和支配力。社会媒体对政府的施压能力主要依赖于媒体本身的影响力和话语力的强弱。当前无论是新型媒体还是传统媒体，均表现出较强的社会舆论引导力量。新型媒体如热点资讯、今日头条、微博、微信公众号等媒体平台已然深度渗透民众的日常工作生活，甚至成为民众生活的一部分。而当前的传统媒体话语表达方式或影响力的扩散途径也并不限于报纸、电视等，而纷纷借助电子信息平台开展网络化运营，部分传统媒体平台，通过开发手机 APP、创建微信公众号等方式，提供信息推送、阅读收藏、评论互动、文章下载等功能，以提升其在新闻传播领域的影响力和竞争地位。民众能够相对自由地在各类媒体平台上进行观点阐述、情感宣泄。由此，促使社会媒体的功能和话语呈现方式从单一的公共领域逐渐延展到私人领域。民众通过媒体呈现信息的点赞、评论、转发等方式参与公共事件，以此来表达对事件的关注，继而派生出一种"围观的力量"，也被称为"匿名者的能力"。民众在对"注视"或"发声"等"围观权利"的运用中，建构出一种"视觉民主"或"听觉民主"语境，而社会媒体由于负载了这一重要的民主语境，极大地增强了其对政府决策行为的施压能力。

文化资本、象征性资本在文化再生产中的功能与作用也在社会媒体中得以凸显。① 在我国传统文化中的士大夫思想中根植有强烈的社会责任感与使命感，社会媒体从业人士同样拥有对国是发表看法的权利，通过对公共事件的关注和讨论、对政策的肯定或批评，负有维护民众利益、保障公民权利的内在责任感。因而，从媒体人士的职业操守要求来看，媒体从业者具有为民众利益发声的内在品质要求。而从社会媒体资料本身的商品属性来看，社会媒体生存发展的基础同样在于其本身的盈利能力。某一媒体在民众心目中的声誉由此变得极为关键，因而，其在话题选择上更倾向于选择能够引起民众共鸣的焦点事件来扩张自身的影响力。由此，社会媒体拥有为民众提供公共舆论空间的内生性动力与利益激励。在此基础上，社会媒体以直接或间接的方式助推热点事件传播、激发大众情绪共振，同时也能够起到反映政府机构、

---

① 布迪厄，华康德.实践与反思：反思社会学导引［M］.李猛，李康，译.北京：中央编译出版社，2002：191.

专家学者、社会团体、普通民众等大量试图影响（改变政策或捍卫政策现状）政策的个人或组织表意工具的作用。[①]另外，社会媒体也借由其在扩散多种竞争性的政策行动者舆论影响力和支配力、角逐社会群体认同的叙事通道功能的过程中，间接强化了其在推动公共政策过程演进、重塑社会权力格局中的能力。社会媒体在推动民主参与和民主监督中的作用也得到了更大程度的增强。由此，所催生的媒体话语力成为民众普遍具有的能够在一定程度上影响政策问题建构、政策议程设置和对政策运行过程进行监督的手段或工具。

（二）社会媒体对政府舆论施压的限制性条件

尽管群体性事件治理中社会媒体的舆论施压构成了政府政策工具选择的重要外部因素，但这并不意味着地方政府的政策工具选择总是受制于社会舆论压力。即使在舆论压力下，政府决策可能做出有利于政策行动群体的决策，同样也可能维持原决策，甚至做出与行动群体目标相反的决策。社会媒体作为政府的规制对象，在群体性事件治理中社会媒体对政府舆论施压能力的发挥面临着言论自由度、非权力性实体、自身的生存压力这三方面问题的制约。

从社会媒体言论自由度来看，媒体功能与作用能否得到有效发挥，有赖于对社会媒体言论自由度这一问题的回应。查尔斯·泰勒（Charles Taylor）认为，"现代的公共领域正是独立存在、具有自身独特地位且被认为是构成某种后设的论题空间。它是一个自觉外在于权力的讨论空间。权力应该倾听公共领域，但公共领域本身并非权力的行使者。它这种在政治之外的地位是十分重要的"[②]。"这种政治之外的地位并非仅是以负面的方式来进行界定，亦即权力的缺乏，它还具有正面的意义：正是由于公共舆论并非权力的行使者，所以在理想情况下，它能够保有相当的理性与中立性，而不过分依赖于政党。"[③]也有研究者在对美国传统媒体所面临的自身约束性问题评论时指出，美国的媒体所面临的主要限制并非主要来源于政治方面的干涉，而是由媒体在市场

① JONES B D, FRANK R B. The Politics of Attention [M]. Chicago：University of Chicago Press，2005.

② 泰勒. 现代性中的社会想象 [M]. 李尚远，译. 台北：商周出版社，2008：144.

③ 泰勒. 现代性中的社会想象 [M]. 李尚远，译. 台北：商周出版社，2008：190.

竞争环境中的处境所决定的。[①]社会媒体利润因素使媒体都面临着体制性人员的不足。因此，记者不但要依赖政府提供日常新闻，还要依靠政府来使他们摆脱费时耗力的调查和可能的诉讼。

就社会媒体本身的生存压力而言，由于影响社会媒体广告收入的关键在于新闻对象的认可度与购买力，因而，其所表达的观点必须遵循主流文化和大多数人的观点，否则就会造成阅读量的下降，关注、订购率以及广告收入的下降。媒体在市场上的生存法则，使媒体必须以生存为前提，以尊重市场规则为基本原则，过分激进的媒体观点往往因遭受排挤而无法跻身主流话语体系，而被迫处于边缘地带。此外，由于"20世纪西方中产阶级在政治舞台上的崛起，资本主义与自由主义在西方意识形态中的霸主地位得以确立，进而促使建立一种以自由主义民主为合法性基础的国家成为可能"[②]。中产阶级的大规模兴起为国家制度的稳固奠定了意识形态的基础，关于政治的激进言论被社会媒体广泛摒弃，而以娱乐性为主的媒体内容受到追捧，社会媒体依赖广告费用能够获得更好的发展空间。由此，西方媒体在这样一种相对稳定的舆论空间中，扮演传播国家体制内声音的角色。相对而言，中国目前尚不具备被民众广泛认同同时又符合国家制度规范的价值体系。因此，国家与媒体精英并未形成稳固的联盟关系，社会媒体在社会话语的表达层面仍具有相当大的自由度。

尽管社会媒体呈现出一种可能规范权力的舆论话语力，但并非权力实体，也并不具有实质性的权力。政治权力需要通过社会媒体来阐发其观点、制造舆论话语，媒体运营平台也需要与政治人物产生或亲或疏的某种关联，来稳固自身的影响力及社会地位。因此，在中国的政治情境下，社会媒体本身并不能创设出自觉外在于权力框架的舆论空间，也并不能完全摆脱政治色彩。在此情况下，媒体平台受限于国家政治性的权力网络，导致其公开言论与私

① 赵鼎新.西方社会运动与革命理论发展之述评：站在中国的角度思考[J].社会学研究,2005(1)：168-209.

② Giddens A. The Third Way: The Renewal of Social Democracy [M]. Cambridge: Polity Press, 1998: 45-50.

下言论可能存有差别，同时也决定了媒体从业者在公开某些看法时需保有审慎的态度。因而，即使社会媒体能够对政府的决策过程产生一定的影响，但仍然具有相当的局限性。臧雷振等指出，当前无论是互联网管控者还是使用者，对网络的现实影响力均存在一种夸张性恐惧，而在这种夸张性恐惧的驱动下，恰恰可能促使网络管理者因为过度的恐惧舆论，而采取限制性或压制性措施来监管舆论；网络使用者也可能在对网络力量的崇拜中过度依赖媒体，而带来非理性的使用；政府对网络信息进行过度回应或消极回应，均是对媒体效能缺乏准确判断的结果。因过分夸大或缩小媒体作用力而采取不适当的做法，均是非建设性的且容易造成国家与社会的撕裂。①

第四节　市场层面相关企业的干预机制

一、源于市场层面的干扰

以企业为主体的利益集团在群体性事件治理中所扮演的角色极易被研究者忽略。群体性事件中的行动主体为达成某一目的而进行的群体行动，与以企业为主体的利益集团的行动存在本质上的区别。以普通民众为主体的政策行动往往是基于某一事件或项目而结成的松散联盟，以企业为主体的利益集团则是在与政府长期的项目连接、经济合作过程中互联互通的行为主体。具有较大影响力的企业能够通过各类渠道与政治精英建立关系，设置隐蔽议程来阻止问题进入政策议程②，而且能够在政府决策的不同层面、不同环节施加影响。如在政府决策做出之前，能够影响政策问题的建构、政策议程的设定；而在决策的制定过程中，则利用各种手段促使政府的决策更多地体现和维护

---

① 臧雷振，劳昕，孟天广.互联网使用与政治行为：研究观点、分析路径及中国实证［J］.政治学研究，2013（2）：60-75.

② 陈水生.当代中国公共政策过程中利益集团的行动逻辑［M］.上海：复旦大学出版社，2012.

本集团的利益[①]；在决策的执行环节，甚至能够对决策的执行过程进行干预和操控[②]。因而，以企业为主体的利益集团的强大影响力，构成了影响政府政策工具选择的重要外部变量。当群体性事件中群体的利益诉求与市场中以企业为主体的利益集团政策诉求相契合时，相关企业往往能够与抗议民众结成利益联盟，而对政府政策工具的选择施加巨大的外部压力。与之相对，在群体行动者的行为取向与相关企业的利益相悖时，企业则倾向于诉诸政商关系，促使政府政策工具选择向着企业利益的方向倾斜。因而，来自市场层面的干扰因素，是群体性事件治理中政府政策工具选择的又一外部变量。

值得注意的是，市场中相关企业对政府政策工具选择的干预，其意涵一方面在于相关企业采取某些手段，如通过游说、寻租等方式试图干预政府政策工具的选择，促使政府在政策工具的选择过程中向其进行倾斜；另一方面政府在政策工具的选择中基于地区经济发展等因素的考虑，主动维护企业等市场主体的利益，而后者同样能够在事实层面间接地反映相关企业对政府政策工具选择行为的影响。此外，即使在政府决策中存在相关企业等市场相关主体的干预，地方政府仍需考虑在形式民主框架内保证对大众的忠诚，这是源于政府合法化本身为其决策行为带来的压力。[③]

二、市场层面利益集团对群体行动的干扰策略

以企业为主体的利益集团通过政商关系网络游说政府进而影响政府，促使其做出倾向于企业利益的决策，这一现象在西方较为普遍，且往往被认为是合法且合乎伦理的。早在20世纪90年代，阿瑟·本特利在《政府的进程》中对以企业为主体的利益集团对政府决策的影响进行了分析[④]；Getz认为，企业能够通过游说、证词、公布企业对相关公共事件调查结果、研究结果、私

---

① TYLLSTROM A, ABRAHAMSON E, BARLEY S R, et al. More Than a Revolving Door: Corporate Lobbying and the Socialization of Institutional Carriers [J]. Organization Studies, 2021, 42 (4).

② 任溶. 美国的利益集团与公共政策的制定 [J]. 党政论坛, 2004 (7): 30-32.

③ 哈贝马斯. 合法化危机 [M]. 刘北成, 曹卫东, 译. 上海: 上海世纪出版社, 2005: 65.

④ 高勇强, 田志龙. 中国企业影响政府政策制定的途径分析 [J]. 管理科学, 2005 (4): 26-31.

人服务、合法行动和选民培养等方法，来使自身的政策诉求进入政府的决策视野，从而影响政府决策。也有国外的研究者分析指出，美国的利益集团其至能够通过社会关系网络与白宫官员、总统的亲戚等取得联系。^① Vogel 则注意到利益集团影响政府决策的途径还包括公益性捐款、国会证词、选民培养等。^②此外，竞选注资^③、政治献金^④、SuperPAC 捐款^⑤、谢礼、有偿旅游等方式也是利益集团参与政治活动，影响政府决策的常用手段。

此外，美国等西方发达国家公职人员在政府部门与私营组织之间来回任职的"旋转门"现象也较为普遍，此类问题甚至已经演化为影响政商利益的一种常态化交互机制。"旋转门"现象背后隐含着巨大的经济、政治网络，以及强大的利益驱动力量。政商之间人员角色的来回切换，很大程度上使得政府决策受到政商关系的约束与限制。^⑥这一问题在以美国为首的西方国家不断扩大化，成为滋生政治腐败的土壤。虽然美国政府于2017年通过对游说制度的修正，试图对这一问题进行矫正，如禁止已经离任的政府公职人员参与游说政府活动的时间从两年提升到五年，并签署了终身禁止美国前公职人员为外国政府进行游说的政令，但由于美国的旋转门关系网络错综复杂，且经过不断发展，已经演化为政商关系中一种默认的协调机制。

尽管中国与西方国家在政商关系的形成基础上存在较大差异，我国公职人员在行政机构与私营组织之间任职的现象也受到官方的严格限制^⑦，但政商之间的利益交换机制仍然能够在某些情况下对政府的决策产生重要影响。其

---

① COLE N S. Pursuing the President：White House Access and Organized Interests［J］. The Social Science Journal，2000，37（2）：285–291.

② VOGEL D. The Study of Business and Politics［J］. California Management Review，1996（338）：146–162.

③ 倪春纳."金主政治"是如何形成的：美国竞选资金改革的历史［J］. 马克思主义研究,2016(10)：128–135.

④ 倪春纳.美国政治献金中的"暗钱"及其影响［J］. 南京政治学院学报，2017（6）：72–78.

⑤ WANG Y W，MICHAEL L，DAVID A S. A Border Strategy Analysis of Ad Source and Message Tone in Senatorial Campaigns［J］. Marketing Science，2018，37（3）：333–355.

⑥ 石培培.国会、总统、政府和游说公司［J］. 世界社会主义研究，2017，2（7）：90.

⑦ 田利辉，王可第.打破"政商旋转门"如何影响股价：基于中组部18号文的准自然实验［J］. 当代财经，2019（4）：49–61.

中包括积极影响与消极影响两个层面。

从积极层面来看，政府与市场这两种不同性质的机制间的相互作用与相互渗透，是中国市场化改革发展过程中的重要特征，而良性的政商关系互动被周黎安称为中国改革开放以来实现经济快速增长独具特色的互动模式。他在对中国地方政府与地方性企业之间关系的研究中指出，每个辖区内的地方政府均在一定程度上与该地区的企业或核心产业部门存在着相对密切的联系。①地方官员能够对地方的企业产生或大或小的影响，而地方政府所具备的以下三个方面的特质则进一步巩固了政府与企业二者之间的关系：第一，地方政府围绕经济发展这个中心与企业以利润为中心的目标相契合，因而地方政府拥有主动与地方企业进行联系、合作的内在需求。不同企业之间的竞争与辖区内官员之间的竞争相互嵌套，每一个地方政府辖区内的企业背后往往拥有关注其发展状况的地方政府官员。由于官员竞争具有零和博弈的特征，地方政府官员在竞争的激励下，有主动扶持地方优质企业的主观动力与客观实力。因此，官员之间的竞争能够主动嵌入企业的市场竞争过程中，地方政府具有为辖区内的优势企业发展供给优惠政策与发展便利的内在动力。由此，在政府与企业之间的人员、业务往来过程中，二者的关系逐渐得到了强化。第二，辖区内的经济增长率、招商引资规模以及财政收入等均能够对其地方政府官员的政绩产生正向影响，各地方政府通过招商引资与企业主动加强联系的现象不断涌现。第三，作为辖区权力中心的地方政府，扮演着区域内经济规则制定者、资源配置规则的掌控者角色，拥有获得企业主动与之联系并积极配合政府决策的客观实力。

从消极层面来看，处于灰色地带的政商关系也并不鲜见，当前政府部门仍然缺乏有效制衡和社会监督，其垄断规则的制定和解释权，在现有法律和制度规定看似公平、公正的掩饰下，公共项目极易成为政府部门创设寻租空间的工具。特别是在引进企业的项目类型上，较为稀缺的高污染项目相对其他可引进的环保型企业而言，二者在产值空间和寻租潜力上往往具有较大差

① 周黎安.中国地方官员的晋升锦标赛模式研究［J］.经济研究，2007（7）：36-50.

异。高污染、高风险伴随着高产值和更高的寻租空间，而更容易受到地方政府的青睐。[1]

第五节 讨论与小结

本章是对影响群体性事件治理中政府政策工具选择外部因素的理论分析。其中外部要素主要包含社会组织干预、民众抗议、社会媒体舆论施压与相关企业干预四个变量。（1）社会组织的干预。在群体性事件中社会组织的参与程度、社会组织能否真实代表民众利益这一问题仍存在较大的争议。就社会组织本质而言，其具有反映群体行动者政策诉求，为其所代表民众争取权益的内在需求，但在政府部门通过各类资源补给、人事安排、政策指导等的作用下，社会组织表现出突出的行政嵌入性。社会组织自上而下的政策传播属性被强化，同时自下而上地对政府监督的功能被削弱。因而，社会组织在群体性事件中的在场性以及对地方政府施压的能力，仍然有赖于客观情境下的具体分析。（2）民众抗议。临时聚集型组织是群体行动中不同个体围绕某一议题共同聚集而成的临时性、任务型组织，其内部参与者的互动能力与隐形约束力是制约临时聚集型组织影响力和对政府施压能力的关键。（3）社会媒体舆论施压。社会媒体作为政府在群体性事件治理中政策工具选择的重要外压因素，其主要遵从两类叙事逻辑，即情感选择逻辑与理性选择逻辑。社会媒体通过对这两类叙事逻辑的呈现，展现出一种能够约束官方权力的舆论话语力，而在强化群体行动资源、拓展群体行动边界中发挥着积极的作用，但由于社会媒体本身并非权力实体，并不具有外在于政府权力框架的舆论空间，因而社会媒体影响力与对政府施压能力的发挥并不能完全摆脱政治色彩，仍属于一种受限的权力制约力量。（4）相关企业干预。以企

---

[1] 王军洋. "法" "力" 和 "理"：当下抗争剧目研究的主要路径评析 [J]. 湖北社会科学, 2015（8）：21-28.

业为主体的市场中其他利益集团的干预是群体性事件治理中政府政策工具选择的又一外部变量。当群体性事件中的抗议民众的诉求与市场中以企业为主体的利益集团的政策诉求相契合时，相关企业往往能够与抗议民众结成利益联盟，而对政府政策工具选择施加较大的压力；而当群体行动中的抗议民众与相关企业的政策诉求出现冲突时，企业则倾向于诉诸政商关系，促使政府政策工具的选择向着排斥群体行动中抗议民众的方向倾斜，且由于其行动方式多样且隐蔽，往往能够对群体性事件治理中政府政策工具的选择产生较强干扰。

第五章

群体行动治理中政策工具选择逻辑的定性比较

在不同的群体性事件中，政府政策工具选择并非受到所有要素的干扰，且各要素的作用强度也并不均衡。因此，对群体行动中政府政策工具选择逻辑的研究，还需从组态的视角出发，对其中多种要素之间的组合作用逻辑进行考察。本章主要运用了定性比较分析方法，对不同要素是以何种组合作用逻辑对政府政策工具选择施加影响的这一问题进行深入考察。

第一节　模糊集定性比较分析方法及适用性

一、模糊集定性比较方法介绍

20世纪80年代，查尔斯·拉金（Charles C. Ragin）在奎因（W. V. Quine）（1952）和麦克拉斯基（E. J. McCluskey）（1966）开发的布尔算法中，发现了一种探索多重并发因果关系的方法以及一种"以整体方式简化复杂数据结构的工具"[①]，在此基础上于1987年，在工程师克里斯·德拉斯（Kriss Drass）的协助下，创造性地开发了定性比较分析（Qualitative Comparative Analysis，QCA）方法。QCA认为，诱发某一社会问题的因果关系具有复杂性和多因性，案例生成的特定结果是多重因素相互关联、共同作用的结果。该方法是一种

---

① RAGIN C C, FISS P C. Redesigning Social Inquiry: Fuzzy Set and Beyond [M]. Chicago: University of Chicago Press, 2008: 190–212.

基于中小样本探究总体的研究路径。其核心在于，通过跨案例比较的方式，探索诱发某一结果变量产生或消失的条件组态，进而识别出多重条件变量的协同效应。①

QCA 是一种区别于纯定性研究与定量研究的中间路径，为探索多案例之间的内在相似性与差异性，及其在此基础上生成的诸前因因素的组合上，提供了一套强大的分析工具。其在进行数据探索、假设检验和创新型理论开发等方面均具有独特的优势。该研究方法对案例数量和层次要求较为宽松。在样本数量上，无论是以深层次案例导向的方式运用在较小规模的案例中，还是以关联要素整体分析的方式运用在具有较大规模数量的数据集中，均具有可行性。就样本数量而言，于10~50之间均较为适宜。在样本层次上，无论是个体或小组等微观层面，组织、网络等中观层面，还是政治制度、国家类型等宏观层面的案例分析，均能够提供方法上的支持。尽管 QCA 是一项数据分析技术，但根本上是面向案例的，其本身并不阐释现实事件运作的因果机制，而是依赖于研究者在其呈现的最小化公式基础上的返回案例，追踪故事背后的事实与理论。

（1）QCA 方法的分析原理。定性比较分析方法所遵循的逻辑基础是布尔代数与几何论思维，其区别于定量研究中对大规模样本统计分析中的线性关系考察，同时不同于定性研究中对单一案例或少数案例进行深描的研究方式，而是从集合关系的角度来对条件变量与结果变量之间的关系进行探索，并依托布尔代数的运算方式，将变量之间的关系类型进行简化，从而得到解释事件发生的核心路径。基本的原理包含以下几个方面：其一，在对条件变量的赋值中依托条件变量发生或不发生，或者发生的程度高低进行两分赋值、等距赋值或差别化定性或定量赋值。其二，条件组合与逻辑真值表。逻辑真值表是显示促使结果发生的条件变量之间的组合状态的。反之，依据条件变量之间可能存在的多种组合状态能够得到逻辑真值表。其三，以逻辑真值表为基础，通过布尔代数最简原则，对条件组态进行简化。依据布尔代数最简原

---

① 杜运周，贾良定.组态视角与定性比较分析（QCA）：管理学研究的一条新道路［J］.管理世界，2017（6）：155—167.

则，若两个布尔代数表达式中仅存在一个条件变量的取值差异，且二者得出相同的结论，即表明最终结论并非受到该条件变量的影响，那么这个条件变量即为冗余变量并可以去除。由此，可以得到简化后最具典型性的解释变量组合路径，进而发掘影响结果变量的核心条件变量组合关系。

（2）QCA 具体的技术类型。目前 QCA 分析方法涵盖了清晰集、多值集、模糊集定性比较分析（Fuzzy-Set QCA,fsQCA）和 MSDO/MDSO 四种分析方法。其中在清晰集定性比较分析的赋值中遵从二分赋值法，即条件变量出现、存在或发生，被记为1；条件变量未出现、不存在或未发生，记为0。在模糊集定性比较分析法中遵从等距赋值原则，即将 ［0］—［1］之间的数值分为等距离的几段，然后依据条件发生程度的不同，选择相应级别的数值。相比较而言，模糊集定性比较分析是定性比较分析方法中被应用最为广泛的具体性研究方法。fsQCA 区别于布尔代数的二分变量 ［0］ 和 ［1］，即临界点两端的隶属与不隶属，对变量在完全隶属与完全不隶属之间的隶属程度进行内部区分，同时也区别于多值集定性比较分析中的等距取值方法，可依据不同条件的具体情况进行模糊取值。因而，模糊集定性比较分析相较清晰集更为精准，而较之多值集则更为灵活。

（3）fsQCA 分析技术在学术研究中的应用。尽管 QCA 分析方法本身存在一定的缺陷。如分析结论受到研究者对条件变量与结果变量选择的影响，案例的选择同样能够对研究结果产生影响。案例的多少使结果变量存在"有限多样性"的问题，此外在对变量的赋值中存在主观性问题，但定性比较分析方法仍然对探索复杂事物的多要素组合作用逻辑具有极大的穿透力，能够为探索和发现事物背后多重变量之间的本质性联系提供方法与技术层面的指导。学术界对该方法进行了广泛的应用且在近年来愈加受到社会科学研究者的重视。从该方法被运用的研究领域来看，涵盖城市发展[1]、组织创新[2]、项目

---

[1] BAUTISTA J. The Complex Link of City Reputation and City Performance: Results for fsQCA Analysis[J]. Journal of Business Research, 2016（69）: 2830.

[2] KAYA B, et al. Antecedents of Innovative Performance: Findings from PLS-SEM and Fuzzy Sets（fsQCA）[J]. Journal of Business Research, 2020, 114: 278-289.

管理①等诸多领域，也有学者将定性比较分析法与其他研究方法相结合进行混合研究，如有学者将其与包络分析法（DEA）相结合，探讨加拿大学者在管理领域的研究效率问题②；也有将模糊集定性比较分析与验证性因素分析法（CFA）相结合，对私部门形象与声誉问题进行研究等。国内在政务服务③、平台型企业管理④、大数据产业发展⑤以及群体性冲突治理⑥等方面进行了探索性研究。

二、定性比较分析方法的适用性

定性比较分析方法与其他社会科学分析方法在本质上均是探索社会现象背后因果机制的工具。一般而言，我们对某一问题因果机制的探索遵从一条相对恒定的法则（principle of invariance），即任何一种行为都是由许多原因结合造成的，某一结果的出现是在多个变量或某几个变量组合作用下导致的。因此，我们通常都在不同的条件下，寻找某一个特定的因素与一个特定的结果之间的关系。如果一个特定的变量与特定的结果在诸多情境下都存在某种联系，而在这一特定变量缺失时，特定结果也未出现，那么我们认为这个变量是导致结果发生的关键因素，是促成特定结果的核心诱因。⑦当然，在实际问题的研究中，促成特定结果的可能并非某一个变量，而是以多个变量的组

① DRAGA N. Exploring Eco-label Industry Actors' Perceptions on the Capabilities of a Forthcoming Multiple Project Management Software：An fsQCA［J］．Journal of Business Research，2019（4）.

② AMARA N. Assessing the Research Efficiency of Canadian Scholars in the Management Field Evidence from the DEA and fsQCA［J］．Journal of Business Research，2019（27）.

③ 韩娜娜.中国省级政府网上政务服务能力的生成逻辑及模式：基于31省数据的模糊集定性比较分析［J］.公共行政评论，2019，12（4）：82-100.

④ 池毛毛，赵晶，李延晖，等.企业平台双元性的实现构型研究：一项模糊集的定性比较分析［J］.南开管理评论，2017，20（3）：65-76.

⑤ 沈俊鑫，李爽，张经阳.大数据产业发展能力影响因素研究：基于fsQCA方法［J］.科技管理研究，2019，39（7）：140-147.

⑥ 黄荣贵，郑雯，桂勇.多渠道强干预、框架与抗争结果：对40个拆迁抗争案例的模糊集定性比较分析［J］.社会学研究，2015（5）：90-114.

⑦ HARRY T，REIS C M. Handbook of Research Methods in Social and Personality Psychology［M］．New York：Cambridge University Press，2000.

合状况出现，我们将这一组合解释路径作为导致特定结果的因果机制。这一解释路径则构成相对稳定的逻辑进路。显然，社会科学研究正是通过不断探索某个或某几个可能对结果产生影响的因素与结果之间有规律的联系，来试图达成关于因果关系的判断。

在本书对群体性事件治理中政策工具选择逻辑的研究中，需要寻求的是哪些变量可能会影响政府政策工具的选择，而定性比较分析法在探索某一机制背后的不同要素组合作用逻辑中具有独特的优势。运用这种方法，有利于找到促成特定结果的关键要素，或者关键要素的组合解释路径。因而，本书对群体性事件治理中政府政策工具选择逻辑的分析思路与定性比较分析方法的组态思想具有相当的契合性，而鉴于定性比较分析又有多种具体研究方法，如清晰集定性比较分析、多值集定性比较分析、模糊集定性比较分析等，但又考虑到本书所选取的条件变量具有一定的主观性和模糊性，需要对部分变量进行更为细致的测度。因此，以模糊集定性比较分析方法为基础，探索政府政策工具选择逻辑进路与因果机制，更具合理性和适当性。

第二节 政府政策工具选择逻辑的定性比较

一、结果变量设定与赋值

群体性事件治理中政府政策工具选择逻辑是本书研究的主要目标。在诸前因条件组合作用下，具有某一特征的政策工具被选定为研究的被解释变量。依据群体性事件治理中政府可选择的政策工具特征，选择强制型政策工具、渐进型政策工具和退让型政策工具作为结果变量。其中"强制型政策工具"是政府运用强制性手段对群体性事件进行处置。这一政策工具所蕴含的强制性程度高，往往通过强制镇压的方式来对群体性事件中的行动者进行处理。"渐进型政策工具"是政府运用弹性化的手段，以渐进的方式对群体性事件进行解决，如通过政策修正、规划方案调整、利益补偿等方式对原政策、原方案进行局部调整等。这一政策工具类型所蕴含的强制性弱、渐进性较强。"退让型政策工具"强调政府的不为或停止施为，以顺应抗议群体诉求的方式进行决策，这一政策工具类型的强制性程度低、退让性程度高。

二、解释变量选择与赋值

分析框架中的各类要素是解释变量设置的主要依据，同时兼顾定性比较分析方法对解释变量数量的约束，在该部分中对解释变量进行了如下设置（表5）：

政府对社会的控制是影响群体性事件治理中政府政策工具选择的重要变量。据理论分析部分对政府内部控制性要素的论述，政府内部社会控制性要素主要表现为政府注意力配置、政府部门间的联动与制度对社会活动的约束。有鉴于地方政府核心领导人与上级政府的注意力配置状况在政府注意力中影响逻辑的差异性，本研究将政府注意力配置这一要素分为两个解释变量。

其中，上级政府态度这一解释变量中的上级政府指的是群体性事件事发地政府的上级。在具体的变量操作化定义上，上级领导签署的政策文件、发布的命令中，将是否提及支持群体性事件事发地民众抗议对象（如遭到民众抵制的政府项目建设等），作为上级政府态度判断的主要依据。其中，在地方政府政策工具选择做出之前，上级制定出台与事件相关的正式规制性办法的，视为高重视程度；上级政府发布通知性文件或提及与群体性事件直接相关问题的，视为较高重视程度；上级政府领导在讲话中提及与群体性事件中民众抗议对象类似问题的，视为较低重视程度；未提及则视为低重视或未关注。地方政府核心领导人关注主要指群体性事件事发地的主要领导。本研究将其定义在，包括市/县委书记、市/县行政首长在内与群体性事件争议焦点相关的环保、交通、住建等部门的首长。以地方政府核心领导是否亲自进行指导、发布指令，作为地方政府核心领导这一变量的判断依据。

制度对社会活动的约束。由于制度对群体行为的约束往往是在群体行动突破制度规定的情况下，才会产生所谓的制度对群体行动的排斥和规制，因而制度对群体行动者的约束表现在心理与行为两个方面。然而，尽管制度在个体或群体成员心理层面能够产生一定的约束力，但鉴于制度对行动者的心理约束力较为模糊且极难进行测度，更为重要的是，制度对行动主体产生集体行动行为之前的心理约束并未对社会秩序构成实质性威胁，因而并不能作为衡量群体性事件治理中制度约束效果的标准。因此，本研究将群体性事件在实践层面越过了制度框架、产生了违反相关制度规定的行为，作为制度对社会活动实际约束的判断依据。由于不同层级制度规定与制度本身的发布形式，对制度的约束力具有重要影响，本研究将群体性行动中出现与国家相关制度规定相背离的，视为强制程度约束力；与地方性制度规范相背离的，视为较强程度的制度约束力；与地方政府指导性规范相背离的，视为较弱程度的制度约束力；而在群体性事件的发生与发展过程中，始终未突破制度框架的视为弱约束。

政府部门间的联动是两个或两个以上的政府部门共同针对某一问题而进行的联合行动。政府部门间的联合行动往往能够发挥不同部门的资源优势，合力促进某一群体性事件的解决。在对该解释变量的操作化定义中，主要考察群体性事件治理中是否出现两个或两个以上的政府分管部门，如环保、交通、财政、公安等部门之间的联合行动。在本书中将群体性事件治理中出现四个及以上政府分管部门（如环保、交通、财政、公安等）联合行动的视为强部门联动；出现三个政府部门联合行动的，视为较高程度的部门联动；出现两个不同政府部门联合行动的，视为较弱程度部门联动；仅出现单一部门出面解决的，视为弱部门联动。

社会组织干预。在本研究中将该变量定义在社会组织以政策参与者或监督者角色，在群体性事件发生过程中，站在民众的角度发表意见，与抗议民众一道向政府部门施压。其中有社会组织参与施压的记为1，无社会组织参与施压的记为0。

民众抗议程度。这一变量是对群体性事件中是否发生暴力行为以及程度的衡量。我们将民众抗议强度定义为四级：发生打砸等暴力冲突或拒不接受和解的，定义为高强度；发生游行、静坐等非肢体接触抗议或部分接受和解的，定义为中强度；仅网络申讨且未出现组织性活动的，定义为低强度；未发生抗议行为的记为无。

媒体舆论施压。这一变量是媒体以其自身的信息传播渠道支持民众同时向地方政府施压。这一变量需要在考察每个案例所示的群体性事件发生之前、之中的相关媒体报道的内容基础之上进行判断，而排除政府政策工具选择做出之后的相关报道。在本研究中，将最高为国家级媒体参与声援的，视为高强度；最高为省级媒体参与施压的，视为中强度；将仅有地方级媒体参与施压的，视为低强度；将无媒体参与的记为无。

相关企业干预。由于市场中相关企业对政府政策工具选择的干预，其内涵不仅在于相关企业采取某些手段来干预政府政策工具选择，同样也在于政府在政策工具的选择中基于地区经济发展等因素考虑，主动维护企业等市场主体的利益，而后者同样在事实层面间接地反映了相关企业对政府政策工具选择行为的影响。前者是企业主动干预，而后者是企业间接影响，二者均能体现出企业对政府政策工具选择行为的干扰。因此，我们将是否存在企业对政府政策工具选择的干预或者是否存在政府主动维护市场中相关企业利益的行为，作为衡量该变量的主要依据。

表5-1 变量的操作化定义与赋值

变量类型	变量视角	变量名称	变量操作化定义	赋值依据	赋值
条件变量	内部控制视角	上级政府态度	该条件变量中的上级政府指的是群体性事件事发地政府的上级。在地方政府政策工具选择决定做出之前，上级制定出台与事件相关的正式规制性办法的，视为高重视程度；上级政府发布通知性文件或提及与群体性事件直接相关问题的，视为较高重视程度；上级领导在讲话中提及与群体性事件中民众抗议对象类似问题的，视为较低重视程度；未提及则视为低重视程度或未关注	高	1
				较高	0.67
				较低	0.33
				低	0
		地方政府核心领导人关注	主要指群体性事件事发地的主要领导，包括市/县委书记，市/县行政首长，与群体性事件焦点问题相关的环保、交通、住建等部门的首长。按照在群体性事件治理中是否有地方政府核心领导参与指导来对该变量进行区分	有	1
				无	0

续表

变量类型	变量视角	变量名称	变量操作化定义	赋值依据	赋值
条件变量	内部控制视角	政府部门间的联动	在群体性事件治理中出现四个及以上政府分管部门（如环保、交通、财政、公安等）联合行动的，视为强部门联动；出现三个政府部门联合行动的，记为较强程度的部门联动；出现两个不同政府部门联合行动的，记为较弱程度政府部门联动；仅出现单一部门出面解决的，视为低程度的部门联动	强	1
				较强	0.67
				较弱	0.33
				弱	0
		制度对社会活动的约束	将群体性事件中的群体行动是否越过制度框架作为制度对社会活动约束条件的判断依据。由于不同层级的制度与制度本身的发布形式对制度约束力具有重要影响，本研究将群体行动中出现与国家级相关制度规定相背离行为的，视为高制度约束力；与地方性制度规范相背离的，视为较高程度的制度约束力；与地方政府指导性规范相背离的，视为较低程度的制度约束力；而在群体性事件的发生与发展过程中，始终未突破制度框架的记为弱约束	强	1
				较强	0.67
				较弱	0.33
				弱	0
条件变量	外部压力视角	社会组织干预	该变量是指社会组织作为政策参与者或监督者角色，在群体性事件发生时站在民众的角度发表意见、干预政府政策工具选择。依据是否存在社会组织的干预来对该变量进行判别	有	1
				无	0
		民众抗议程度	将民众抗议强度定义为四级：发生打砸等暴力冲突或拒不接受和解的，定义为高强度；发生游行、静坐等非肢体接触抗议或接受部分和解的，定义为中强度；反网络申讨未出现组织性活动的，定义为低强度；未发生抗议行为的，记为无	高	1
				中	0.67
				低	0.33
				无	0
		媒体舆论施压	这一变量是媒体以其自身的信息传播渠道支持民众同时向地方政府施压。这一变量需要在考察每个案例所示的群体性事件发生之前、之中的相关媒体报道的内容基础之上进行判断，而排除政府政策工具选择做出之后的相关报道。在本研究中将最高为国家级媒体参与声援的，视为高强度；最高为省级媒体参与施压的，视为中强度；将仅有地方级媒体参与施压的，视为低强度；将无媒体参与的记为无	高	1
				中	0.67
				低	0.33
				无	0
		相关企业干预	这一变量主要是指在民众抗议对象为某一企业或与某类企业直接相关的群体性事件中，相关企业通过向政府游说、寻租等方式试图干预政府政策工具选择，抑或政府部门在政策工具的选择中主动考虑并维护企业利益的行为。我们将是否存在企业对政府政策工具选择的干预或政府是否存在主动维护市场中相关企业利益的行为，作为衡量该变量的主要依据。存在即记为有，不存在则记为无	有	1
				无	0

续表

变量类型	变量视角	变量名称	变量操作化定义	赋值依据	赋值
结果变量	工具特征差异	强制型工具	强制型政策工具是政府运用强制性手段对群体性事件进行处置，而采取的具有强制特征的政策工具。这一政策工具类型下被选用的政策工具中所蕴含的强制程度高	强制	1
		渐进型工具	选用渐进型工具是政府运用相对弹性化的手段，以渐进的方式对群体性事件进行解决，如通过政策修正、规划方案调整、利益补偿等方式对原政策进行局部调整等。这一政策工具类型所蕴含的强制性较弱、渐进性较强	渐进	0.5
		退让型工具	退让型政策工具主要强调政府的不为或停止施为，以顺应抗议群体诉求的方式进行决策，这一政策工具类型的强制程度低、退让性程度高。	退让	0

第三节　模糊集定性比较过程与实证分析结果

一、案例分析的基本逻辑

在案例的定性比较分析部分遵从以下分析逻辑：（1）首先从政府内部控制与外部压力视角出发，对可能影响群体性事件治理中政府政策工具选择的条件变量进行分析，在本研究中，将政府内部控制层面的上级政府态度、地方政府核心领导人关注、政府部门间的联动、制度对社会活动的约束、外部压力层面的社会组织干预、民众抗议程度、媒体舆论施压、相关企业干预这八个要素作为解释变量，来剖析群体性事件治理中政府政策工具的选择逻辑。（2）根据变量设计与赋值部分的内容，构建逻辑真值表。（3）分析变量的一致性与覆盖率情况。对集合 X 对 Y 的一致性进行测度，也即研究条件 X 在多大程度上能够成为 Y 的充分条件；对 X 对 Y 的覆盖率进行测度，考察条件变量X在多大程度上构成结果变量Y的必要条件。按照 fsQCA 分析法，覆盖率越靠近1，表明X对Y的影响越大，当覆盖率的值等于1时，表明X能够直接导致结果Y。一般而言，若一致性介于0.8~0.9，X即被认为是导致结果发生的充分条件；若一致性大于0.9，则可认为X是Y发生的必要条件。（4）通过 fsQCA 3.0软件，对解释变量之间的组合路径进行简化，删除冗余变量，得到群体性事件治理中影响政府政策工具选择要素的组合机制。

二、逻辑真值表的构建

本书在运用 fsQCA3.0对真值表进行数据处理中，设定案例数量的域值为1，同时将一致性高于0.75的，编码为"1"；低于0.75的，编码为"0"。在 fsQCA 中，校准指的是给案例赋予集合隶属的过程。具体而言，研究者需要根据已有的理论知识和案例情境将变量校准为集合。校准后的集合隶属度将介于0~1之间。为了将条件变量的取值校准到0~1的区间范围内，研究者需要结合案例中条件变量的实际取值分布状况，并根据案例的实际情况，选取能够体现条件变量中间程度的取值来选取校准的锚点（如完全隶属、交叉点、完全不隶属），然后运用 fsQCA 得到校准后的真值表（表5-2）。

表5-2　群体性事件治理中政府政策工具选择逻辑真值表（校准后）

sup	cor	reg	jor	soc	pro	med	mar	number	raw consist	PRI consist	SYM consist
1	0	1	1	0	0	1	0	3	1	1	1
0	0	0	0	0	1	1	0	3	1	1	1
0	1	0	0	0	1	1	0	2	1	1	1
1	1	0	1	0	1	1	0	2	1	1	1
0	1	1	1	0	1	1	0	2	1	1	1
1	0	0	1	1	0	1	1	1	1	1	1
1	0	1	1	1	1	1	1	1	0.83	0.66	1

sup	cor	reg	jor	soc	pro	med	mar	number	raw consist	PRI consist	SYM consist
1	1	1	1	1	1	1	1	1	0.75	0	1
1	1	1	1	0	1	1	0	1	0.70	0.57	1
0	0	1	0	0	0	1	1	3	0.55	0.55	0.55
0	0	1	1	0	0	1	0	1	0.50	0.50	0.50
0	0	1	0	0	0	1	0	2	0	0	0
1	0	1	0	0	0	1	1	1	0	0	0

三、单变量的必要性分析

单个变量的必要性分析所选取变量中的单一变量对结果变量解释力的度量方法，也是进行定性比较分析的先行步骤。通过将真值表中的数据导入 fsQCA 3.0软件，可以得到各个条件变量的一致性和覆盖率数值。其中，单个变量是否具有必要性主要取决于一致性的高低。如前所述，一致性高于0.8认为该变量对结果变量具有较强的解释力。一致性介于0.8~0.9之间，则认为是结果变量生成的充分条件；一致性高于0.9，则视为结果生成的必要条件。表5-3对各单变量的必要性进行了整理。由计算结果可知，媒体舆论施压在单变量分析中数值相对较高，为0.88，可视为影响群体性事件治理中政府政策工具选择的充分条件。这也意味着，群体性事件治理中政府政策工具的选择很大程度上受制于媒体舆论的约束，但该变量并非必要条件，且其他变量的一致性均低于0.8，表明其他变量的单个解释力相对较弱，然而群体性事件治理中政府政策工具的选择并非依赖于单一变量或某一方向上的变量，而是多种因素综合作用的结果。因此，有必要对各条件变量的组合路径进行分析。

表5-3　单变量的必要性分析

变量名称	一致性	覆盖率
上级政府态度	0.554545	0.785408
地方政府核心领导人关注	0.424242	0.875000
制度对社会活动的约束	0.575152	0.606003
政府部门间的联动	0.757576	0.798722
社会组织干预	0.121212	0.666667
民众抗议程度	0.696364	0.802935
媒体舆论施压	0.880000	0.701788

四、前因条件的组态分析

条件组态是反映不同条件变量以何种连接关系作用于结果变量的组合状态。[①] fsQCA 所提供的分析方法主要有指定分析（specific analysis）与标准分析（standard analysis）两种类型。[②] 其中按照对解释变量组合复杂程度的区分，标准分析结果又分为复杂解、简约解和中间解三种。有鉴于有限多样（limited diversity）的存在，以及标准分析隐含着对反事实的分析逻辑，被认为是可信度相对最高的分析结果。[③] 因而，本书运用 fs QCA 3.0 对群体性事件治理中影响政府政策工具选择的各类因素进行标准分析。

在条件组态结果呈现中，我们采用 Ragin 与 Fiss 提出的，能够更为清晰反映条件组态中各要素相对重要性的 QCA 图示法。[④] 从计算结果来看，群

① 张明，杜运周. 组织与管理研究中 QCA 方法的应用：定位、策略和方向 [J]. 管理学报，2019，16（9）：1312-1323.

② 拉金. 重新设计社会科学研究 [M]. 杜运周，译. 北京：机械工业出版社，2019：8.

③ 里豪克斯，拉金. QCA 设计原理与应用 [M]. 杜运周，李永发，译. 北京：机械工业出版社，2018：13.

④ RAGIN C C, FISS P C. Net Effects Analysis versus Configurational Analysis：An Empirical Demonstration [M] //RAGIN C C. Redesigning Social Inquiry：Fuzzy Set and Beyond. Chicago：University of Chicago Press，2008：190-212.

体性事件治理中政府政策工具选择的组合分析结果包括五种不同的条件组态（表5-4）。表5-4呈现了群体性事件治理中政府政策工具选择逻辑的组态分析结果。总体来看，解的一致性（solution consistency）达到0.98，解的覆盖度（solution coverage）达到66%。这意味着，五种条件组态能够解释66%的政府政策工具选择案例。解的一致性与解的覆盖率均高于临界值，表明实证分析结果有效。基于条件组态，能够进一步识别出各类变量之间的内在逻辑关系。

表5-4　群体性事件治理中政府政策工具选择逻辑的前因条件组态

条件变量	组态条件				
	C1	C2	C3	C4	C5
上级政府态度		●		●	●
地方政府核心领导人关注	•				
制度对社会活动的约束		•			•
政府部门间的联动	•	●		●	●
社会组织干预				•	•
民众抗议程度	•		●		•
媒体舆论施压	•	•	•	•	•
相关企业干预			•	•	•
一致性	1	1	1	1	0.83
原始覆盖度	0.242424	0.141818	0.121818	0.0606061	0.050303
唯一覆盖度	0.161212	0.141818	0.121818	0.020606	0.010303
解的一致性	0.984587				
解的覆盖度	0.658182				

　　注：● 或 • 表示条件组态中该条件存在，● 表示核心条件，• 表示辅助条件。其中，核心条件是对结果变量影响较大的变量。在QCA运算结果中，于"中间解"与"简约解"中共同出现的变量被视为核心变量。辅助条件相比核心条件，对结果变量的影响相对较小。

第四节　政策工具选择的核心解释路径与因果关系

一、群体行动治理中政府政策工具选择的核心解释路径

表5-4中报告了群体行动中政府政策工具选择的五种解释变量组合。组合一：由地方政府核心领导关注、政府部门间的联动、民众抗议程度与媒体舆论施压四个要素构成的C1路径；组合二：以上级政府态度与政府部门间的联动为核心要件，以制度对社会活动的约束、媒体舆论施压为辅助条件的C2路径；组合三：以民众抗议程度为核心条件，以媒体舆论施压和相关企业干预为辅助条件的C3路径；组合四：以上级政府态度与政府部门间的联动为核心条件，以社会组织干预、媒体舆论施压、相关企业干预为辅助条件的C4路径；组合五：以上级政府态度与政府部门间的联动为核心条件，以制度对社会活动的约束、社会组织干预、民众抗议程度、媒体舆论施压以及相关企业干预为辅助条件的C5路径。其中，C1的原始覆盖率达到了24%，一致性为1，能够解释24%的案例，且有约16%的案例仅能够通过该路径得到解释；C2的原始覆盖率约为14%，一致性为1，能够解释约14%的案例，且有约14%的案例仅能够通过该路径得到解释；C3原始覆盖率约为12%，一致性为1，能够解释约12%的案例，有12%的案例仅能够通过该条路径得到解释。相对而言，C4与C5的原始覆盖率与唯一覆盖率均较低，仅能够解释较少的案例。因此，C1、C2和C3三条组合路径的解释力较优，为群体性事件治理中政府政策工具选择逻辑的优解释力条件组态。

表5-5　群体性事件治理中政府政策工具选择逻辑的优解释力条件组态

组态编码	原始／唯一覆盖率	对应案例
C1	24%/16%	10，11，14，17
C2	14%/14%	5，8，9
C3	12%/12%	3，19，20

二、核心解释路径的因果关系

（一）双向动力平衡机制

条件组态1表明，在群体性事件中如果由民众抗议与媒体舆论施以强大的外部压力，地方政府往往会依托部门联动、政府部门核心领导人的注意力配置两个方面的要素来消解群体性事件引发的冲突。具体而言，在民众抗议与社会媒体舆论深度结合的群体性事件中，民众能够借由社会媒体声援所生成的影响力与号召力，形成对政府决策部门较为强硬的意见输入。由此，群体性事件所对应的社会问题被优先纳入地方政府核心领导人注意力范畴，进而促使"领导人重视"这一与我国社会治理特质相契合的治理机制得以发挥。即由地方核心领导人出面，调动并发挥地方政府各部门的优势，共同促进群体性事件的解决。由于该条件组态中群体性事件政府政策工具选择是在政府部门核心领导人的关注、政府部门联动要素构成的内部控制力与民众抗议程度、社会媒体舆论施压所构成的外部压力这两种力量平衡中做出，因此，我们将其称为"双向动力平衡机制"。

（二）内部应援联动机制

条件组态2是由上级政府态度、政府部门联动为核心影响要素，以制度对社会活动的约束、社会媒体舆论施压为辅助条件构成。这一组态表明，上级政府对某一群体性事件的态度或与之相关问题的论述，能够对群体性事件治理中政府政策工具的选择产生较大影响。上级政府重视加之地方政府部门间的联动能够凝聚极大的社会控制力量，从而产生一种自上而下解决社会冲突问题的动能。社会媒体舆论施压这一变量在该组态中辅助作用的发挥，也间接表明社会媒体所产生的影响力在一定程度上能够跨越政府层级边界，甚至直接引起上级政府的关注。社会媒体成为推动群体性事件被纳入上级政府注意力范畴的重要外部变量。

另一方面，该条件组态中也反映出制度对社会活动的约束变量在强化政府内部控制力层面的作用。制度在一定时期内的稳定性与规范性，能够对群体行动产生有力约束。在群体性行动与既有的制度规范相背离的情况下，制度能够赋予地方政府以强大的社会控制力量与正当的社会控制理由，继而有助于提升地方政府在政策工具选择中的主动性，而在既有制度被修正或发生变革的情况下，则会导致制度约束力的变化，甚至约束方向的转换，因此制度对社会活动的约束，构成地方政府在政策工具选择中所需考量的辅助要素。由于在这一组态中，上级政府对地方政府的指示与地方政府部门间的联动是影响政府政策工具选择的核心变量，甚至能够在上级权威应援与部门联动作用下，直接决定选用何种政策工具，因而我们将该解释机制称为"内部应援联动机制"。

（三）外部压力中和机制

条件组态3，是以民众抗议程度为核心要件，以媒体舆论施压与相关企业干预为辅助条件。其中三个条件变量均从属于外部压力范畴，政府内部社会控制性要素并未呈现关键性影响。该组态的解释逻辑在于，群体行动中的参与主体依托社会媒体供给的话语空间，实现更大范围的参与者动员并引发网民热议，促成民众抗议与社会媒体舆论的深度结合，继而形成一种外部力量间的强烈共振，使得政府在政策工具选择中面临极大的外部约束。结合该解释路径下的案例能够发现，此类案例中的行动群体具有显著的分散性、模糊性和覆盖范围广泛的特征，地方政府难以对模糊且分散，甚至不属于自己辖区内的群体行动进行有效管制，强制型政策工具难以施为。另外，由于该条件组态所解释案例中的民众抗议的直接对象往往是市场中的某类现象，而非政府本身，只有在政府处理不当或应对不及时的情况下，才会出现将抗议矛

头指向地方政府的治理能力与治理效率问题上，因而，地方政府对群体行动
进行严格管制的内在动力不足。综合来看，在外压较强、行动群体分散、抗
议焦点并非直接指向政府的群体性事件中，地方政府更加倾向于选用退让型
政策工具，以集中处理焦点问题、积极进行政府回应的方式，来缓和社会矛
盾。由于在这一驱动路径中的政府政策工具选择影响因素源于外压层面，且
地方政府在这一过程中主要扮演居中调停、优化市场环境、规范市场秩序的
角色，而非打压行动者的角色，因此，我们将其称为"外部压力中和机制"。

第五节　讨论与小结

　　群体性事件治理中政府政策工具选择是多重要素组合作用下的产物。本
章中引入定性比较分析方法，从组态思维出发，为探究群体性事件治理中影
响政府政策工具选择要素的组合作用逻辑提供了恰切的分析工具。定性比较
分析方法尽管在国际学术界已经产生了极大的影响力，但在国内学者的研究
中尚不多见。因此，本章首先对定性比较方法、模糊集定性比较分析方法的
解释逻辑与分析步骤进行了详细阐述；其次，以前述章节中所指出的影响群
体性事件治理中政府政策工具选择的各要素为基础，进行了解释变量与被解
释变量的设定与赋值，继而运用 fsQCA 3.0，分别对单变量的必要性与多变量
的组态关系进行分析，得到了三种类型的政策工具选择逻辑解释路径，即双
向动力平衡机制、内部应援联动机制与外部压力中和机制。这三种机制的发
现能够对群体性事件治理中政府政策工具的选择逻辑提供较强的解释力，为
揭示地方政府在社会问题治理中更为隐蔽的治理技术提供积极助益。

第六章

地方政府政策工具选择逻辑的理论与案例解释

定性比较分析具有一定的"黑箱"特征，无法对条件组态中的影响因素具体作用逻辑进行呈现。因此，本书进一步引入案例叙事方法，对定性比较分析结果中核心解释路径下的典型案例进行深描，从而在理论层面讨论群体性事件治理中政策工具选择逻辑的同时，在具体的个案叙事中还原其逻辑实现过程。上一章节的定性比较分析结果不仅呈现了群体性事件治理中政策工具选择的三种解释路径，而且提供了三种解释路径下所对应的具体案例。因此，在本章中，对分属于三种不同解释路径下的案例各择其一，以对相应的政府政策工具选择机制进行案例深描与逻辑解析。

第一节　双向动力平衡路径的构成与运作机理

Z 市 SW 事件是条件组态 1，即双向动力平衡机制解释路径所对应的案例之一。该群体性事件具有政府内部控制与外部压力均较强的典型特征。在这一案例中，一方面群体性冲突较为激烈，引发了大规模的民众抗议且由于该事件所牵涉的问题较多，需要政府在政策工具的选择中充分考虑并调动水平方向上的政府各部门资源来进行应对。另一方面，随着社会媒体的广泛参与，以及事件的扩大化与事件性质的严重化，该事件被纳入地方政府注意力范畴并引发了地方核心领导的重点关注。该案例即是在政府内外部双向动力均较强的情况下，寻求平衡的典型政策工具选择案例。因此，在对条件组态 1 的案例诠释中，选择 Z 市 SW 事件进行追踪分析。

一、Z 市 SW 事件

（一）SW 事件的导火索

2012年6月25日下午6时左右，Z 市 SW 镇中心小学一小学生在学校门前与一社会少年发生争执。两名围观群众上前劝止。争执过程中双方发生撕扯，社会少年被附近的当地人捆绑并致其脸部受伤。当地公安分局接到报案后赶到现场将社会少年扣押。与此同时，社会少年亲友赶到现场后情绪激动，遂与 Z 市籍学生家长展开对峙，并向围观者陈述该社会少年遭到的不公正待遇并表达了对 Z 市外来人口在 Z 市未受到平等对待的愤怒。

（二）矛盾调解机制的失效与事件性质的恶化

在当地政府调解机构与当事人代表进行协商的过程中，社会少年亲友的愤怒情绪并未得到缓解，转而在与围观者的互动中，将这种原本少年间的争执，转化为更大范围的双方亲友之间的冲突。经由社会媒体的广泛介入后，事件影响范围进一步拓展、事态更加扩大化。网络上的谣言随之出现，促使 Z 市外来工人压抑已久的怨愤情绪突然被激发，大规模的肢体冲突随即爆发。此时，事件的性质已经发生了重要转变，即由原先小规模私人之间的冲突，转变为因外地工人未受到公平对待，而对政府不满的问题。事态失控后，晚上10时30分，聚集围观的外地人员增加。晚上11时，部分群众向当地政府机关投掷石块，再次与警方发生冲突。

（三）领导层对 SW 事件的处置

随着事件影响范围的扩大化，当地正常的社会秩序受到了强烈的干扰，同时由于该事件对地方政府具有明显的攻击性，很快引发了 Z 市委、市政府的高度关注。Z 市党政主要领导对此事高度重视，安排了紧急会议迅速指挥部署该事件的相关处置工作，要求相关政府部门按照公正、透明、依法办事的原则对该事件进行果断处置，及时化解社会矛盾，防止事态扩大，做好维稳工作。经 Z 市领导与市相关部门妥善处理，在冲突中受伤的相关人员得到了及时治疗，社会矛盾趋于缓和。

Z 市委、市政府与 SW 镇委、镇政府及时组织多部门力量，多次召开现场会议，要求相关部门全力做好事件处置及善后工作，并在事件处置过程中紧紧围绕"五个最大限度"：（1）最大限度地保持理性与克制，在执法过程中既要坚决打击违法犯罪分子，同时又要竭尽全力地保障人民群众的生命财产安全；（2）尽最大力量做好做实法治宣传教育工作，安抚抗议民众情绪，做好稳控工作；（3）最大可能地引导好社会媒体舆论，及时发布完整、真实的事件过程信息，同时防范部分不良社会媒体及个人对此事件的恶意炒作；（4）最大限度防控事态蔓延，尽可能将事件处置与对矛盾化解的地域范围控制在当地；（5）充分发挥当地基层党组织、行业协会、社会组织以及相关企事业单位的辅助作用，进一步加大对参与冲突事件的本地居民与外地民众的劝导力度，凝聚起缓和冲突、化解社会矛盾的强大合力，以防范事态反弹，确保社会秩序的整体稳定。此外，市委、市政府领导在现场会议中同时指出，政府工作人员要积极从这起事件中汲取经验与教训，举一反三、标本兼治，通过积极完善社会治理，提升针对外来人口的服务能力和服务水平，进一步采取针对性的解决办法，力求从根源上彻底化解社会矛盾，进而使非当地户籍人口与本地人口和谐、融洽相处，共同实现社会秩序的稳定与和谐社会的建设。

二、SW 群体行动中政府政策工具的选择逻辑阐释

地方政府核心领导人关注、政府部门间的联动、民众抗议程度以及媒体舆论施压这四个变量的组合是解释该案例中政府政策工具选择逻辑的依据。因此，该部分将案例分析的重点置于 SW 冲突中民众抗议行动、媒体舆论压力的形成过程、该事件演化中对地方政府核心领导人注意力的吸纳过程以及政府部门间的联动四个方面。

（一）民众抗议强度的升级与施压能力的强化

该事件中，少年之间的冲突成为引发城市外来务工者发泄其对当地基本公共服务差别化供给问题不满的导火索。特别是其子女未能得到与本地籍子女平等的对待，这更加刺激了外来劳动者的敏感神经。由此看来，仅凭少年之间冲突这一事实，并不具备诱发大规模群体行动的可能，这一事件中行动共识的酝酿和大规模组织行动的爆发，需要从群体行动的深层次原因，即冲突背后的城市基本公共服务资源配置不均衡，导致的外来务工人员未能享受与本地籍人口同等待遇的问题去探讨。

民众抗议程度的不断强化有赖于行动共识的形成。冲突发生后，社会少年亲友向围观者积极陈情，他们通过话语来调动与其处境具有相似性的外地人的团结行动意识，力图唤起其他外来务工者可能受到过的不公正待遇的记忆，来网罗利益相关者。事件中的外地当事人与参与冲突行动的外地务工者具有相似的生存土壤，面临共同的生存处境。他们在相互交往过程中，由于拥有共同的生活境遇和被差别化对待的相似体验，而形成了相对稳定、趋同的心理特征。该群体在过往诸多被差别对待的经历中，产生的群体边界感被不断塑造，产生了对本外地差别化对待问题的强烈排斥。而该事件恰恰为其参与群体行动提供了有利契机。因此，这一焦点事件爆发后，在外地务工者具有自我动员的内生性动力的情况下，加之当事人亲友的外部动员，外来务工群体情感层面的行动能量被调动起来，快速地将注意力聚焦于城市基本公共服务供给不公平问题上，促使其在对这一焦点事件的过程、性质进行简单判断后，做出了支持外地籍当事人的回应。这种符合参与群众心理、契合参与者认知的共识建构过程，形成了强大的号召力，进而极大地拓展了群体性事件中群体组织化的行动边界，使原本建立在亲缘关系基础上的临时性组织，扩大至以地缘为基础的具有更大规模的组织化群体行动。由此，群体行动者的行动能力与对政府政策工具选择的施压能力也得到极大的增强。

（二）社会媒体介入与抗议者意见共振的形成

事实上，该案例中外地籍工人群体行动程度的不断强化不仅源于为数众多的当事人亲友的现场动员，还依赖于当事人与参与民众对社会媒体声援力量的有效应用。在当前的社会语境和舆论关切上，社会媒体仍倾向于为弱势群体发声，具有较为显著的社会公器特征。一方面，社会媒体为外地劳动者的诉求传播提供了较好的平台，为其抗议影响力的增强起到了积极作用；另一方面，由于社会媒体本身为了唤起读者、听者、言说者甚至决策者的注意力，倾向于在媒体叙事过程中更加偏向对矛盾冲突相对集中的社会问题进行报道，以此来吸引其受众的注意。特别是微信公众号、微博等已嵌入民众日常活动中的新媒体形式为普通民众表达对这一公共事件的态度和看法提供了一个兼具话题透明公开性和言论匿名私密性的公共话语场域。[①]自媒体相对自由开放的发声机制极大地拓展了普通民众内隐态度宣泄的叙事通道。在该事件中，社会媒体同样将事件的性质由少年冲突引向地方政府基本公共服务供给的不平等问题上，继而诱导网民在媒体上表达带有倾向性的观点。然而，无论是社会媒体观点与网民评论是基于情绪宣泄的非理性网络言论，还是基于深度思考的理性言论，均在制造话题，拓展参与者组织边界、吸纳政府注意力，在强化对抗议者的施压能力中发挥了重要作用。

值得注意的是，这一事件在实时的发酵过程中伴有谣言的出现，这也能够在一定程度上表明，由于信息不对称所构成的谣言的产生与传播具有催化问题的作用，行动参与者规模扩大化、事态失控与社会媒介对谣言的传播存在较为密切的关系。结合实证分析结果发现，事件规模与群体行动的强度不仅在于事件背后所反映的问题是否真实存在、是否具有足够的刺激群体行动的内生性动力，还在于社会舆论中真实情况被谣传的可能。真实信息被谣传，极易导致事态的扩大化与外部压力的骤增。在此事件中，外地籍少年被打死

---

① 王英伟. 媒体话语对政策过程影响机制的叙事式框架分析：以城市专车监管政策为例［J］. 公共管理与政策评论，2019，8（4）：18-32.

的谣言之所以产生了强化政府外部压力的负面效果，这源于该谣言在非本地籍工人看来是极有可能发生的，即使非本地籍劳动者相信该信息为假，同样也会以此为契机参与群体行动，发泄长期以来压抑的不满。

（三）政府核心领导人注意力被动吸纳下的部门资源加快整合与渐进型政策工具的选定

在这一群体性事件的发生过程中，政府注意力的吸纳过程遵循了一定的偶然性和被动性。鉴于政府关注的政策问题较多，存在较为显著的"拥挤效应"，紧急而重要的事件往往更容易被吸纳到政府的注意力范畴中。一方面，该事件中行动者强烈的行动共识与组织化行动框架的建立、社会媒体的声援为政府的政策工具选择施加了较大压力，且事件争议的焦点涉及当时较为突出的基本公共服务在不同群体之间配置不均衡这一重要问题，由此，促使这一议题被动地进入政府决策议程中，继而被置于政府决策序列的优先位置。Z市委、市政府就此事件所召开的一系列会议中，对各政府部门的要求和工作安排加快了部门资源的整合进程，提升了政府在该群体性事件治理中的应对能力。从另一方面来看，该事件中地方政府核心领导人通过调动水平方向上各部门的资源来对抗议群众进行情绪安抚和利益补偿，从侧面反映出，地方政府在冲突强烈且涉及的社会问题确属亟须解决的民生问题时，更倾向于立足民众反映的实质问题，运用更加弹性化、渐进型的政策工具对群体性事件进行处置。

第二节　内部应援联动路径的构成与运作机理

某市出租车与专车司机对峙事件是条件组态2，即内部应援联动型解释路径下的典型案例。该事件涉及传统业态下的从业者与新业态下的从业者关于谋生之道的争夺问题。同时也是反映地方政府在新旧业态的碰撞中如何应对各类新型社会矛盾的典型案例。该案例中的群体行动既涉及民众生存空间竞争，又涉及新业态与既有规制的冲突问题。该案例中上级政府对新业态的态度是地方政府进行政策工具选择的重要依据，而地方政府部门间的联动则为地方政府解决这一冲突事件中的核心矛盾提供了社会控制力保障。另外，由于该市出租车司机与专车司机的对峙事件发生在2016年年中，国家对新业态的经营合法性进行定性的关键时间点附近，相比该条件组态下的其他案例，出租车司机与专车司机的冲突事件，能够更好地反映该解释路径下的政府政策工具选择逻辑。因而，在对条件组态2的路径解析中，选择2016年出租车与专车司机大规模对峙案例进行分析。

一、出租车与专车司机对峙事件

（一）专车进入对出租车司机谋生之道的挑战

在"滴滴"和"快的"打车软件刚刚进入 RT 市时，此类平台为当地的出租车司机提供了较大幅度的优惠政策。出租车司机不仅能够享受高额的补贴，还可以相对自由地选择开车的线路、乘客。部分司机甚至能够利用打车软件轻松实现月入过万。然而，专车、快车功能在各大打车平台的上线，快速改变了原有出租车市场的状况。2015年年底，滴滴和快的两家平台在手机软件上相继推出了专车服务。更多源于民间的优质车辆被纳入约车平台，在此过程中各类平台给予了专车服务更大幅度的扶持和补贴。滴滴专车与快车快速壮大。与此同时，乘客的选择空间得以拓宽，且在这一过程中得到了更多的优惠。出租车市场被新进入的专车侵蚀，引发了出租车客源的极速下滑，出租车司机收入也相应地降低。事实上，出租车相比专车不仅在客源吸引上不占优势，而且在所需缴纳的费用上也处于劣势。据了解，出租车司机需向出租车公司缴纳较高的管理费用，而专车的准入门槛、相关费用则相对较低。因而，出租车司机的营运成本更高、收益更少。专车对租车市场的介入对原出租车司机的谋生之道构成了极大的挑战。

（二）群体性事件的爆发

专车司机的大量涌入导致出租车司机的收入直线下降，出租车司机的生存处境更加艰难，由此，出租车司机将矛头指向蚕食其生存空间的专车。2016年6月3日，该市一出租车公司有近百辆出租汽车集体在政务区与专车司机发生冲突，到了晚上又聚集在一环路，结果导致了全城交通大堵塞。

（三）媒体介入后冲突性质的转变与问题的升级

事件发生后，媒体对出租车司机与专车司机方面均表现出极大的关注。由于此次事件中出租车司机与专车司机的冲突，本质上归因于新业态经营模式对传统业态经营模式冲击下市场格局发生的变化，社会媒体在话题讨论中直接将出租车司机与专车司机的冲突问题，提升为出租车司机诉求的合理性与专车从业的合法性问题。

其中，认为出租车司机诉求具有合理性的媒体观点指出，专车的出现对正常的市场秩序造成了冲击，存在大量的不规范竞争行为。无论是在专车出行服务推广前期，约车平台对司乘双方的大规模补贴，还是平台对大量不符合运营规范的私家车的吸纳，均对市场秩序、民众的出行安全构成了威胁。《南方都市报》所发表的文章从专车存在的诸多安全漏洞，政府对此类问题监管缺位、错位问题以及专车的安全问题等角度出发，对互联网专车模式进行了有力批判。文章同时指出，专车问题并不能用"不要扼杀创新"等类似话语进行掩饰和纵容，过分的宽容易于演变为包庇，反而会助长专车平台的野蛮生长，而无助于专车的健康发展。[①]

然而，与专车司机持有相同立场、支持专车司机从业具有合法性的媒体观点认为，约车平台在进入市场前期运用补贴等方式进行市场培育，而在市场得到拓展后逐渐降低补贴回归正常定价，并未违反市场交易秩序，同时也符合市场竞争规律。专车介入后出租车客源大大下滑，实乃市场淘汰出租车行业落后的管理体制、提升出行整体效率的必然现象。因此，专车发展受市

---

① 刘凡．别让网约车成为脱缰的野马［EB/OL］．南方都市报．（2016-05-06）．

场机制所驱动，具有其先进性和不可逆性。《钱江晚报》文章指出，地方政府过分敌视专车、遏制专车成长，不仅不利于专车的规范化发展，同时也无助于出租车利益的维护，反而会制约出租车行业的改革进程。[①]《人民日报》发表特别评论指出，出租车与专车二者间的矛盾症结，并非专车侵蚀了出租车的市场，而是出租车行业自身长期存在的配额制问题未能得到有效解决。[②] 在没有专车等新型出行模式冲击的情况下，出租车行业的弊病很难被置于阳光之下而加以革除，因此专车的发展反而有利于加快出租车行业优化进程，继而推动整个租用车市场效益的提升。《新京报》文章认为，专车与出租车之间的对垒从属于市场竞争领域，地方政府只需扮演好维持市场秩序的角色即可，有倾向性的包庇或袒护出租车行业的行为并不可取。[③]

（四）专车平台的助力

专车平台的合法性与专车司机从业的正当性有着密切的联系，二者形成了较为紧密的利益共同体。因而，在冲突事件发生后，滴滴等用车平台积极与 RT 市政府进行沟通，争取政策支持，同时配合政府监管政策中的专车牌照限制、司机是否具有 RT 市户籍等限制性政策进行内部整改，以为其争取合法的发展空间。

（五）政府注意力的摇摆到最终定型

RT 市出租车司机与专车司机冲突事件中，RT 市政府对该事件的态度可以分为两个阶段：第一阶段，是在国家尚未出台《网络预约出租汽车经营服务管理暂行办法》之前，RT 市政府认为，所谓的"网络专车""快车"等仅通过电招软件私下建立了乘客与车主之间的联系，实际上从事的是为乘客提供道路运输服务并收取相应费用的营运活动。尽管其运营效率相对较高，且有助于解决社会运力闲置问题，但在法律层面上不具备营运资质，属于非法

① 高路.网约车"破冰"启示思维之变［EB/OL］.钱江晚报.（2016-8-2）.

② 黄庆畅.出租车改革不是专车合法化那么简单［N］.人民日报.（2015-06-17）.

③ 吴为，郭超.专家"会诊"网约车管理办法［EB/OL］（2015-11-08）.

行为，应被界定为黑车，继而展开了严格的专项整治活动。如被查获将依法处理。自2016年6月16日起，RT市运管处在机场、火车站、汽车站、医院、大型商业场所等重点地段开展出租车经营整治活动，一经发现按照上限3000元进行处罚。

然而，在RT市出租车与专车司机冲突事件发生的同一时期，在全国多地发生了类似的出租车司机与专车司机的暴力冲突事件，继而引发了中央政府层面对这一问题的密切关注。中央政府在广泛调研、听取滴滴等专车运营平台意见的基础上，充分认识到专车等新型租车模式在推动出行方式变革、提升经济发展效率中的意义与作用。因此，中央政府于2016年7月14日发布了《网络预约出租汽车经营服务管理暂行办法》，至此，在中央层面为承认专车运营的合法性、专车司机工作的正当性给予了积极定性。在中央决策层对专车性质进行定调后，RT市政府对专车的态度发生了较大逆转，RT市专车司机从业的正当性得到了政策的肯定。因此，地方政府关于该事件的处置办法也由此前的严厉监管与大规模整治，向包容、引导的方向转变。

二、RT市出租车与专车冲突事件中政府政策工具的选择逻辑

（一）上级政府权威与部门联动作用下的政策工具选择

从案例中能够发现RT市政府是这一事件中进行政策工具选择的直接主体，而中央政府在该事件中同样发挥了重要作用。RT市政府在对这一冲突事件的核心矛盾解决过程中，政策工具选用发生了较大的转变。即由此前对专车司机从业的非法性认定后运用了严厉打击的强制型政策工具，转变为后续的支持、引导专车合法经营的渐进型政策工具。对这一案例中地方政府政策工具选择的评价，同样能够从RT市政府注意力转变的前后两个阶段来展开。

就第一阶段的RT市政府决策行为而言，面对新的社会问题与社会矛盾，尽管其意识到按照原有的监管模式可能并不恰当，并不能充分发挥专车在减少运力闲置、提升出行效率中的积极作用，但在此事件上涉及政策的更新问

题，RT 市政府并不具备与之相关的政策更新等完整权限，且政策更新本身具有相当的决策风险和潜在的社会风险，以及相关政策在频繁变动中可能引发的政府公信力损失等问题。

由此看来，地方政府注意力转变过程相对艰难，促使政府注意力发生转变的过程受到多重因素的阻碍。这表明政府注意力的转换具有相当的钝性。而结合理论分析来看，这种政府注意力的转换钝性源于政府部门在维稳这一基本社会治理价值取向中存在的一种"深层结构"，这种深层结构成为阻止破坏这一规则和秩序事件发生的重要力量。这种内嵌于政府价值体系与内在行为规范的"深层结构"将政府的注意力引向了一种特定的联系，即对冲击既有社会秩序的行为进行严厉打击，而相对忽略其他部分，如市场需求、受众感受、施政的科学性、合理性等。政府注意力在这一深层结构的影响下能够派生出一种强大的思维惯性和行动惯性，进而倾向于阻止对这一观念或规范构成冲击的行为的产生和发展，并在施政惯性影响下将已发生的越轨行为按照既有的办法拉回原规则体系框架内。

在该案例中，专车运营模式与既有的政策规范相背离，且与政府所推崇的社会稳定这一基本信念所建构的思维框架产生了碰撞，在没有相关法律规范作为参照且中央政府未明确表态的情况下，地方政府仍倾向于运用相对保守的做法来对其进行规制。又由于在 RT 市出租车与专车属于在 RT 市境内发生的强度相对较低的单一事件，对地方政府的施压能力相对微弱，不足以对运行已久的制度框架和政府决策模式构成实质性触动。在该种情况下，地方政府并不倾向于进行政策更新或尝试新的管理方式，因而也并未导致 RT 市政府注意力的转向，而是沿用既有的管理办法，联合各政府部门，在医院、大型商场、汽车站等处开展了严格的专项整治清查活动，对违规专车运营行为进行处置。部门之间的联合行动成为落实地方政府决策意图的核心要素。

从 RT 市政府注意力配置的第二阶段来看，促使 RT 市政府注意力发生转向的关键主要在于，中央政府对持有不同立场观点的吸纳和对该事件背后所反映的实质问题的深度思考。由此可见，对于涉及面相对较广，在与既有政府规制冲突较大的群体行动中，上级政府的态度对地方政府政策工具的选择具有关键作用。特别是在中央决策层对群体性事件相关的核心问题进行定性后，能够给予地方政府决策者以政策工具选择的重要参照。在中央政府做出有利于专车发展的监管方针之后，逐步实现了对专车从业的合法性与正当性的认定，而通过政府内部上下级间的政策传导，引发了地方政府决策思路的转换，直接促成了地方政府政策工具的调整，即由原先的强制型政策工具转变为以弹性手段对该群体性事件进行处理的渐进型政策工具。

（二）社会媒体的意见聚合效应与施压能力的发挥

社会媒体作为该解释路径中的辅助变量，在突出关键问题、吸纳民众意见、促使政府注意力转向、推动政府政策工具转变等方面发挥了辅助性作用。因此，在对该案例的分析中有必要对社会媒体的施压逻辑进行阐释。社会媒体在该事件中的意见聚合效应与施压逻辑主要表现在以下几个方面：

其一，拓展公共议题空间，借力民众话语影响力。社会媒体在这一事件中将 RT 市出租车司机与专车司机的矛盾冲突问题提升至新业态监管议题，拓展了议题空间，继而极大地提升了其对社会舆论的吸纳能力。在该群体性事件中，社会媒体充当了专车司机与出租车司机双方支持力量论辩的舆论工具。通过呈现对立双方的思想观点、话语冲突和叙事策略等内容，以直接或间接的方式强化了这一群体性事件的影响力，同时媒体也在这一过程中有效地实现了对个体或群体话语的借力，提升了其自身的影响力和对政府的施压能力。社会媒体对政府施压能力的发挥有赖于对个体及群体话语的借力，因而，各类群体在媒体所构建的公共话题空间中进行论辩，不仅能够促使不同行动者观点的扩散，同时也能够增强媒体本身的话语力和对政府的施压能力。

其二，突出问题症结，助推对立双方博弈。社会媒体所呈现的大量关于对立双方的激烈争论，均是窥见媒体叙事逻辑的可视化窗口。媒体在呈现不同行动者思想和观点的同时，也能够利用平台优势，将其自身的政策信仰、价值偏好等通过文字、视频等嵌入相关的话语表达中去，进行偏好的阐发和舆论的引导，进而将不同行动者相对碎片化的话语表达置于一个相对集中的话题空间，从而突出双方论述逻辑的差异性，反映思想的博弈过程。对立双方均在这一过程中积累了大量的民意基础和社群观点，因而在此基础上形成的舆论影响力能够对政府决策行为产生较大压力，有效地推动政府对此事件的回应进程，提升地方政府在处理该事件上的主动性和积极性。

其三，营造共享经济等宏观发展语境，呈现战略话语力。社会媒体热衷于对"共享经济""互联网+""互联网文化"等战略性话语进行阐发，主要在于此类话语与当前政府的经济、社会发展目标相契合，而媒体通过对战略话语的运用与政府所关心的议题建立某种意义关联，更容易吸纳政府的注意力，强化其对政府的影响力和舆论施压能力。如《新京报》于2016年7月发文指出，推动专车从业的规范化、合法化是对市场规律的尊重、是对民意的敬畏。①……在此类与市场发展趋势相吻合且顺应民意的商业模式革新中，给予民间智慧更多的生长空间和自我修正空间是明智之选，有利于激活经济增长潜力，推动社会进步。《南方都市报》也在评论文章中指出，"互联网专车作为共享经济业态下的具体产业，是美好生活的开端，由其所推动的经济变革、生活方式变革，充分反映出民间智慧在助推经济增长中的作用。……专车作为发轫于民间的重要力量，在推动城市闲置车辆再利用，提升资源利用效率，推动产业结构优化，实现当前社会所倡导的共创、共享目标中发挥了积极作用"②。此类媒体话语中均运用了宏观战略话语来为专车模式的合理性、先进性和专车从业的正当性进行辩护，继而在媒体舆论中呈现出对专车从业者利好的倾向。

总之，社会媒体介入后为对峙双方政策影响力的扩张、加快将这一冲突背后的实质问题纳入政府注意力范畴提供了强大的助力，因而证实了社会媒

① 万宇轩.解读共享经济：实质是稀缺资源，网约车只是美好开端［DB/OL］.新京报（2016-12-28）.

② 南风.包容创新容许失误，让伟大的想法落地［DB/OL］.南方都市报（2017-06-23）.

体作为辅助变量在影响政府政策工具选择中的作用。

（三）制度对社会活动的约束

出租车与专车冲突事件的焦点在于专车运营的合规性问题。专车这一新型租车模式的出现对既有的制度构成了挑战，专车的扩张同样受到了既有制度的强力约束。地方政府并不能从既有制度中找到一套适应于专车监管的完备制度规范，只能在新制度出台之前，运用既有的、与之相关的制度对该事件进行处置。因此，地方政府在第一阶段针对专车这一网上约车行为依据既有的制度规范，运用强制型政策工具来强化政府的社会控制力有其事实依据。这也反映了地方政府在决策中的路径依赖与制度黏性。我国的出租车运营制度相对而言已经较为成熟。在相当长的时期内，地方政府在出租车行业的各类制度、规则、标准和惯例下形成了相对固定的相关问题处置办法。同时，由于制度规范本身的权威性与约束力就在于其正式性、牢固性与相当时期内的静态性，地方政府对原制度规范的遵从，就是对制度权威的维护。在政府的既有认识和过往经验中，既有的出租车管理制度被认为是有利于社会效益最大化的客观治理规律总结，因而在未找到更好的监管办法之前，参考既有的制度规范，来进行政策工具的选择是一种较为稳妥的办法。因此，地方政府注意力很难在短时间内进行转移，由此在第一阶段的政府政策工具选择中出现了抵制与既有规范不相符的强制型政策工具。

然而，该群体性事件从其本质上看，是以负面的激进的形式，推动着制度的正面更新，是制度弹性和边界模糊性的体现，同时也是制度塑造逻辑双向性的反映。政府制定的与专车相关的各类制度规范具有一定刚性和制度约束性的同时，也预留了一定的空间，为与专车利益相关的各类群体提供了有限度的包容，使得冲突中的专车司机和相关的运营平台，能够利用互联网专车监管政策边界的模糊性，拓展自身的行动空间，甚至在不断强化专车出行优越性的同时，自下而上地推动出租车管理政策的变革。而从另一层面来看，制度塑造逻辑的双向性还在于，其为政府自上而下地进行相关制度的修正提供了灵活应对、适应性调整的空间，这一空间既是维持制度稳定性与创新性的重要手段，又是保全制度权威性和政府信用的关键。

由此看来，该群体性事件的积极意义恰恰在于，以群体行动这一自下而上的强刺激方式，促使政府意识到制度更新的重要性与制度变革的迫切性，继而对制度本身进行相应的修正与革新，而这一不断调试以适应市场新发展、满足社会需求并缓解社会矛盾冲突的决策方式，即是一种典型的对渐进型政策工具的运用。由此可见，政府在最终的政策工具选择中，并不倾向于直接的强制性打击，而是选用鼓励、引导、适度调节的渐进型政策工具。

此外，RT市出租车对专车的包围和抵制，事实上涉及出租车商业模式与专车模式的公开竞争问题，但该条件组态中并未显示出市场干预这一要素在影响政府政策工具选择中的作用。结合案例对这一问题进行探究发现，一方面，无论是出租车相关企业，还是互联网专车运营平台，均未以向政府施压者的角色出现，而是充当了配合政府监管的角色。互联网专车运营平台，其目的在于谋求并拓展其生存空间。在冲突事件发生后，通过对专车发展正当性、必然性的叙事，积极与地方政府进行沟通，试图获得政府政策层面的支持，同时配合政府监管部门进行内部整改，均在一定程度上为专车司机的权益争取提供了有力支持，为营造良好的运营环境提供了积极助力。另一方面，在该案例中出租车管理企业作为受专车负面影响最为严重的市场主体，其从专车从业的非正当性、非合法性以及安全性等层面对专车进行诋毁，传统出租车企业的部分诋毁性话语，尽管在政府注意力的摇摆阶段产生了一定成效、维护了自身利益，但在专车本身具有显著优势的作用下，政府注意力并未受到出租车相关企业的实质性干扰，仍然朝着推进专车服务规范化、健康发展的方向选择渐进型的政策工具进行引导与协调。

第三节 外部压力中和路径的构成与运作机理

2017年底2018年初发生的DP事件是条件组态3，即外部压力中和机制解释路径下的典型案例。在DP事件的演化发展过程中，所呈现的特征与组态3的解释机制相吻合。在这一事件中，政府政策工具的选择在弱政府内部控制与强外部压力下，呈现出显著的退让型特征。由于群体行动者模糊、分散，且舆论影响力扩散至全国，地方政府部门在强大的外部压力下，并未对舆论及群体行动予以强制性控制，而是选用退让型政策工具，以跟进式处置焦点问题并进行回应的方式来缓和矛盾冲突。该案例可以视为政府在强外部压力、抗议群体分散且模糊的群体性事件中进行政策工具选择的典型案例。因此在这一部分选择DP事件来对该条件组态下的政府政策工具选择逻辑进行分析。

一、DP事件的形成与发酵过程

（一）事件起因

2017年12月29日，某网友在微信公众号上发表文章《DP的雪再白也掩盖不掉纯黑的人心，别再去DP了！》。这篇文章对其在DP旅行中于某酒店所遭遇的宰客经历进行了详细的陈述，包括酒店客房坐地起价、涉嫌价格欺诈、店主态度蛮横、强行要求好评等问题，同时文章也爆出DP游客中心泡面卖到60元一桶，一盘普通的酸菜炒粉丝78元、土豆丝茄子88元、炒肉288元，有大巴车乘务员鼓动游客购买的游玩项目，事实上是毫无正规经营授权的民设景点等。该帖发出后，立即被各大媒体门户网站转载，知乎也发起了"如何看待DP宰客行为"的话题讨论。由此，该事件在网络上受到了极大的关注，引发了全国范围内对DP景区问题的讨论和抨击。

（二）民众舆论的裂变式扩散与品牌形象的损失

DP市场乱象在被自媒体曝光之后，网民围绕该主题展开了一系列的讨论，不仅包括曾经在DP旅行中同样遭到不公正对待的游客，还包括大量并未与DP有直接利益关联的普通民众。通过曾在DP同有被宰遭遇游客的跟帖与发文，DP市场乱象的细节得到了更多还原。而其他非直接利益相关者在评论与转发过程中，对这一议题也进行了进一步拓展，民众的抗议话语与媒体观点中充斥了大量对DP景区的负面评价。如"这样的神仙价格，那环境一定很高大上了？然而，酒店提供的住宿条件却与其价格严重不匹配""这是坑吗？这是坑啊！明码标坑！难道以为游客的钱是像雪一样飘来的吗？""旅游产业要做得长久靠的是品质和服务。现在不少景区的商户还是宰一个是一个的思维，根本没有长远眼光和品牌意识，如何能持续下去？""现在早已是互联网时代了，若只为一时之利、一己之私，来不断地消磨顾客的情感，损了口碑，迟早会自食恶果，被市场所抛弃。当地政府不及时制止的话，同样会对DP未来发展造成非常严重的后果"。而事件中被曝出的某导游恶劣的言论，更是引发了大量网友的调侃和愤怒。这些近乎一边倒式的行动者言论中充满了对DP景区市场环境、当前旅游行业发展状况、旅游从业者的服务意识、政府市场活动监管现状的不满和批判。在此背景下，DP景区的口碑急速下滑，行动者的负面情绪被快速点燃。

特别是在地方某政府工作者发表不当言论之后，更是导致舆论矛头转向地方政府，并将话题热度推向高潮。2018年1月3日，新京报记者对当地市场监管部门相关负责人进行了采访，某负责人表示，尽管网友指控的某酒店确实存在违规欺诈问题，但其所反映的高昂菜品价格并不属实，并扬言会考虑通过法律途径对发帖人进行起诉。[①] 相关负责人在社会媒体上的对立性回应，遭到民众的强烈反感。持反对意见的民众认为，在监管部门人员的表态中，并未深刻反省其在市场监管职能履行过程中的疏漏，反而试图威胁游客，该

---

① 潘佳锟，张彤．政府回应：存在价格欺诈涉事店家被罚5.9万元［DB/OL］．新京报（2018-01-03）．

监管部门的做法难以被接受。由此，当地政府监管部门的服务意识和管理水平均备受质疑。据当事人讲述，事发后当地监管部门工作人员还多次尝试与他进行沟通，希望通过赔偿等方式进行私下解决。地方政府私下公关的做法被曝出后，再一次引起了民众的不满，民众消极情绪被再次激发，而在社会媒体舆论扩散效应的催化下该事件的恶劣影响进一步升级，当地政府声誉遭到了严重损失。

（三）地方政府对该事件的处置

在强大的民众抗议和舆论压力下，当地监管部门公开表示歉意："因其工作疏忽、市场监管不到位，为景区游客带来了不良的旅行体验。作为景区管理者，以诚恳的态度向投诉者和他的家人致歉。与此同时，也会本着对旅游市场负责、对游客负责、对旅游行业负责的态度，对管理过程中存在的问题绝不懈怠、进行严肃整改、全面治理，同时会妥善处理好后续工作，以维护品牌形象，还民众一个纯洁的游览环境。"[1] 2018年1月3日，当地旅游局对涉嫌价格欺诈、扰乱市场秩序的商户进行调查取证，并对该事件的调查结果进行了通告。通告指出，游客所反映的某酒店涉嫌价格欺诈等问题属实，按规对酒店负责人罚款5.9万元，同时对在调查过程中发现的其他问题也一并进行了处罚。为进一步加强对DP景区市场秩序的规范化管理，2018年1月17日，《G省人民政府办公厅关于切实加强全省冬季旅游市场综合监管的通知》（简称《通知》）发布。《通知》要求，将DP国家森林公园、滑雪旅游度假区等景区作为接下来市场整治工作的重点，在监管过程中对故意扰乱市场秩序的违规、违法行为进行从严处罚，对"黑社、黑导、黑店、黑车""不合理的低价游"以及强迫消费、导游欺客、甩团等行为进行严厉整顿。进一步完善"市长热线12345"的便捷服务功能，保障游客在景区发生意外状况时能够通过拨打电话快速得到帮助。

---

① 牛其昌.森工发布"宰客"事件核查结果并致歉［EB/OL］.界面新闻.（2018-01-04）.

二、DP 事件中政府政策工具的选择逻辑

（一）民众抗议构成的核心外部压力

民众抗议构成的外部压力是影响该事件中政府政策工具选择的核心变量。其中，强外压的生成原因主要表现在以下两个方面：

其一，共同心智模式基础上非正式网络的建立。DP 景区市场乱象被曝光之后，反对的群体规模不断壮大，这主要源于在个体心智趋同法则的基础上，生成的一种非正式的网络抗议性力量。也即社会成员在对 DP 景区相关问题发表理性或情绪化言论中，无形塑造了一种群体心智模式，而行动者在对不良社会问题心照不宣的理解与非正式网络形成中形成了一种重要力量。

事实上，所谓的个体心智趋同法则即理论分析部分所指出的，群体内部成员对某一问题具有相同或相似观点，且达成了一种心照不宣的"认定"，特别是在处境相同、角色相近的情况下，不同的个体事实上易于将注意力集中在同样的事件上，从而形成一种强烈的群体边界感。在案例中，即表现为"游客群体"或"顾客群体"，而在群体性事件中，这种群体边界感被不断塑造，进而形成了代表或象征该群体的标签或符号，同时这些符号逐渐内化于群体成员，即反对欺行霸市、扰乱市场秩序的群体标签，并受到该群体的认可。群体行动者在关于该事件的交流过程中，形成了一种情感的能量，从而引导人们向群体普遍期望的政府回应上靠拢，进而生成一种内化于群体的信仰或情感。而这种共同信仰或共同情感下的相互团结，有利于提高群体共识和群体意志达成的机会。

与此同时，经过反对群体在网络平台上的磨合、群体兴奋和群体中成员情绪的相互感染，使得与该事件并不存在直接利害关系的"事件边缘人"，出于过往生活中与该话题相似的不良体验而进行情绪发泄等缘由也被纳入群体行动中来，实现了行动力量的强化。由此看来，建立在共同心智模式基础上的非正式网络，以及对事件边缘人的纳入，成为行动能力得以强化的关键诱因。

其二，动员者推动下的社会成员从"隐忍者"向"行动者"转化，将社会问题纳入公众视野。DP之所以站在负面舆论的风口，不仅由于其中切实存在的市场乱象和政府监管不力等问题，同时也需要利益受损个体将不满的心理与情感转化为行动意志，需要积极分子首先对人们普遍关切的景区宰客等问题产生看法并表达出来，通过游说或其他的信息传播方式，来不断强化和刺激其他民众在生活中所遭受的不公正对待的经验、情景、对象以及话语等，来塑造DP乱象对游客的剥夺感，对普通民众的反对情绪进行人为的引导和有目的的经营，以此激发民众的对立情绪。事实上，民众行动共识的形成在个体心理层面具有一定的内隐性，在未受到外界刺激且独立行动可能面临潜在风险的情况下，社会成员即使遭到损害，也往往选择隐忍而非行动，而动员者的出现则为打破这种沉默局面创造了契机。在该案例中，网民凭借微信这一传媒工具的强大影响力，实现了大规模的社会动员，同时由于该话题是贴近生活、参与门槛较低且为民众深恶痛绝的问题，更易于凝聚行动共识。由此，源源不断的行动者加入群体行动中来，行动群体规模得以壮大，对政府施压能力也逐渐增强。

（二）社会媒体与民众抗议共振下的外压强化

地方政府之所以对外部压力较大的DP事件保持关注，并选用相对温和的退让型政策工具，不仅由于该事件所涉及的市场乱象损害了游客利益，更关键的是，关于该群体性事件扩大化所产生的负外部性边界，已经超越了DP景区市场秩序等具体问题，而扩展到了更为广阔的舆论边界。社会舆论声援与大规模的民众抗议，使DP事件派生出来的不良影响转嫁到了地方政府自身，并对地方政府自身的形象和政府公信力产生严重的负面冲击。在当前我国不断推进服务型政府的建设进程中，民众的关切与地方政府的回应、地方政府良好形象的树立与巩固已然成了极为重要的治理方向，因而政府部门未及时处理并妥善解决的社会问题，一旦受到民众的曝光与广泛关注，即倾向于选用退让型政策工具通过快速处置焦点问题，来平息公众的怨愤情绪，以维护政府权威与公信力。

该事件中媒体对政府政策工具选择的施压逻辑主要体现在以下几个方面：

第一，媒体在民众的"注视"和"发声"下，建构了一个特定的人民赋权场域，增加了媒体舆论向地方政府施压的资本。在 DP 事件中，无论是"一木行"的文章还是与之相关的其他作者的文章在媒体上的广为流传，其中的语言表达、跟帖评论、转帖等行为，均使得社会媒体话语力能够借助社会成员间的关系网络实现扩散。由此，形成了一种针对"DP 事件"的围观性力量，同时由于围观人数众多、分布分散且多为匿名，民众抗议受到的约束较小，而舆论空间则相对较大，民众的眼睛和键盘在该种情况下即推动了一种视觉民主和听觉民主语境的生成。地方政府若强行与民众争辩，反而更加容易刺激出更为严重的后果。因而，当民主语境在媒体空间中一旦形成，即给地方政府施加了一种难以驳回的外部压力。另外，由于媒体舆论具有跨越政府层级、直接进行问题反馈的特性，地方政府为减少可能存在的问责风险，倾向于在强外部压力下顺应舆论指向。

第二，社会媒体对政治红线的把握，构成其外压能力得以发挥的前提和基础。尽管 DP 事件中社会媒体所供给的舆论空间具有一定的人民赋权属性，但由于社会媒体并非正式的权力系统，媒体的行动方式和行为选择，必然要考虑其所呈现的话题是否触及政治红线，以在保全自身生存基础的同时，再谋求媒体影响力的扩张。DP 事件中媒体焦点主要涉及对景区市场乱象的抨击，以及对基层政府有关部门回应不当问题的指控，并不涉及政治问题，因而未受到政府的强力干预，这是其在这一事件中能够营造出巨大影响力的前提条件。

第三，情感宣泄与理性表达双重逻辑下的媒体叙事，使得媒体话语既具有扩散性，同时又具有可控性，构成了外压能够持续有效、不易被轻易消解的内在缘由。社会舆论对政府施压能力的发挥，离不开媒体表达中情绪宣泄性话语带来的扩散效应，而舆论的失控则会引发政府对舆论本身的警惕。在该案例中，社会媒体话语中呈现出的情感选择逻辑，即关于 DP 市场乱象的不满和抨击，特别是在 DP 事件中演化出来的动机偏见问题，如东北地区与其他地区民众之间的话语对辩，很大程度上是由于偏见、热认知等层面的因素对不同地区民众的评价产生了影响。民众在对快餐式新闻的翻阅过程中，情绪、情感性因素首先被调动起来，又由于民众对"宰客"等问题深恶痛绝，因此谩骂和对立往往成为行动者发声的主要内容。而媒体中其他关于旅游行业工作人员服务意识和服务水平等问题的理性反思，则遵从一种理性叙事逻辑，此类理性表达在媒体中的大量存在起到了一种纠偏、防止舆论过度越轨的作用，使得媒体舆论不至于因失控而遭到政府的压制。由此可见，既具扩散性又具有可控性的舆论环境，往往能够达到更好的施压效果。

（三）市场中相关企业的影响

相关企业干预要素在组态 3 中的呈现，即表明市场中相关企业等利益主体也构成了影响政府政策工具选择的要素之一。市场中相关企业对政府政策工具选择的干扰并非仅局限于企业采取某些手段促使政府在决策过程中向其进行倾斜，同样表现在，政府在政策工具的选择中基于地方经济发展等因素，主动考虑并维护企业等市场主体的利益，而后者同样在事实层面间接地反映了相关企业对政府政策工具选择行为的影响。DP 事件中的某市政府与 DP 所在地林管局，在强大的舆论压力下对 DP 景区乱象的查处，其目的不仅在于上述分析中所指出的尽可能地减少被上级问责的风险，同样出于挽回 DP 的品牌形象、保持 DP 景区市场继续运营的目的。围绕 DP 市场乱象生成的群体性事件，对 DP 品牌造成了极大的冲击，并在游客心理上留下阴影，其负面影响可能持续相当长的时间，而给相关商户利益、当地经济发展造成了难以估量的损失。在此情境下，政府需将如何最大限度地减小对景区商户、地方经济的不利影响纳入考虑的范畴。由此，市场中其他利益群体的影响构成了政府政策工具选择的又一影响要素。

（四）地方政府在强外压下的退让

DP 事件是因民众对 DP 景区市场乱象的不满，而引发的民众抗议与社会媒体舆论声援的群体性事件。尽管在该案例中政府运用强制性手段对市场行为进行规制，但主要是对民众抗议对象（市场乱象）的管制，而非针对行动主体的强制。政府对 DP 市场乱象的严惩，恰恰是政府从帮助普通民众解决问题的角度出发，来缓和与行动者矛盾的退让性方式的体现。此外，该案例中尽管同样有上级政府的干预，以及政府运用制度手段对市场乱象进行规制的现象，但仍从属于在全国性的舆论压力下做出的被动反应，且该群体性事件对 DP 品牌造成的巨大负面影响，并未因政府的干预和对市场的整治而消散，甚至在某种程度上由于地方政府的回应不当，而引发了更大规模的抗议。因而，该事件中政府政策工具选择的基本逻辑，主要呈现出以民众抗议为核心解释变量，以社会媒体舆论施压以及市场干预为辅助变量的外压中和逻辑。

第四节　讨论与小结

本章是对定性比较分析结果中优解释力条件组态所对应案例的具体分析。通过对群体行动中政府政策工具选择逻辑的三种解释机制，即双向动力平衡机制、内部应援联动机制与外部压力中和机制分别对应的典型案例进行叙事分析，系统地还原了政府政策工具选择逻辑在具体案例中的实现过程。在对双向动力平衡机制的解析中，选择了 SW 群体性抗议事件。在阐述事件演化过程的同时，从民众抗议强度的升级与施压能力的强化、社会媒体介入与持反对意见民众共振的形成、政府核心领导人注意力被动吸纳下的政府部门资源加快整合与最终渐进型政策工具的选定等层面，对双向动力平衡过程及其内在原理进行了分析。在对内部应援联动机制的案例解析中，选择了 RT 市出租车司机与专车司机大规模的冲突事件。在对该案例的分析中，首先从专车对 RT 市出租车司机谋生之道的挑战出发，阐述了该群体性事件的爆发、升级、性质的转变、政府注意力的摇摆到最终定型等案例演化过程，继而对上级政府权威、政府部门联动、社会媒体施压能力以及制度对社会活动的约束四要素在该案例中的具体运作过程进行了分析。在对外部压力中和机制的解析中，选择了 DP 事件。在该事件中，政府政策工具选择在弱政府内部控制与强外部压力下，呈现出显著的退让型特征。在对该案例的叙事分析中，主要从民众抗议所构成的外部压力、社会媒体与民众抗议共振下的外压强化、市场中相关企业的影响以及地方政府在强外压下的退让这四个方面呈现了政府外部压力中和机制的运作过程。

第七章

结　语

一、再思政府政策工具选择研究的价值

本书从政府政策工具选择视角出发，将研究的焦点置于当代中国群体性事件治理中地方政府遵从何种政策工具的选择逻辑这个核心问题。围绕该核心问题，重点回应了以下几个方面的具体问题：群体性事件治理中政府政策工具的选择受到哪些因素的影响？各要素影响政府政策工具选择的内在逻辑是什么？各影响因素之间以何种组合状态共同作用于政府政策工具的选择？本书按照既定的案例筛选原则，选取了23个典型的群体性事件案例，运用扎根理论对政府政策工具选择的影响因素模型进行建构，同时以理论分析框架中的核心变量为基础，运用模糊集定性比较分析方法，分析影响政府政策工具选择的多个变量间的组合关系，进而对群体行动中政府政策工具的选择逻辑进行探索。尽管定性比较分析方法，能够对影响政府政策工具选择的各要素之间的组合关系进行清晰的理论展示，但具有一定的黑箱特征，无法对各影响要素在现实案例中的作用逻辑进行呈现。因此，本书在定性比较分析的基础上，进一步引入案例叙事方法，对定性比较分析结果中的核心解释路径进行案例深描，从而在理论层面发掘群体性事件治理中政府政策工具选择逻辑的同时，在具体案例中还原其逻辑实现过程。就本书研究发现与理论贡献而言，主要涵盖以下两个方面。

一方面，本书建构了群体性事件治理中政府政策工具选择的影响因素分析框架，并对单个影响要素进行了创新性理论阐发。本书通过对多案例文本分析进行三级概念的提取，建构了以政府内部控制与外部压力两个维度为基

础、以政府注意力的配置（上级政府的态度、地方政府核心领导人关注）、制度对社会活动的约束、政府部门之间的联动、民众组织化抗议程度、社会组织干预、社会媒体的舆论施压以及市场层面相关企业干预这八个要素为解释变量的政府政策工具选择影响因素模型。在分析框架的建构与单要素的理论分析中，本书主要提出了以下观点：

从政府内部的社会控制变量来看，主要涉及政府注意力的配置（尤其是上级政府的注意力与地方政府核心领导人的注意力配置状况）、制度对社会活动的约束与政府部门间的联动。其中，政府注意力配置是影响群体性事件治理中政府政策工具选择的政府内部要素。由于政府所需关注的各类公共事件属性不同、处理的优先性也会有较大差别，因而存在显著的议题拥挤现象。群体行动能否真正被政府注意力所吸纳并优先进入政府决策议程，很大程度上能够反映其影响力的大小。政府所施用的政策工具与群体行动本身的作用强度以及政府注意力的反馈强度相互关联。如随着群体行动影响强度的变化，政府注意力往往呈现注意力的持续、转移、波动、加持状态。而与之相应，政府所选用的政策工具易于呈现出原政策工具的维持或平衡、断续、碎片、迭代四种状态。尽管在某一特定的群体性事件中，政府政策工具选择可能仅呈现政府注意力配置状态中的一个或多个，但对政府最终选用的政策工具却能够产生深刻的影响。

制度对社会活动的控制是政府应对群体性事件的重要内部力量，很大程度上能够对群体行为模式的选择、群体行动所能够产生的负面影响形成限制。然而，尽管制度规范具有一定的前置性和稳定性，但由于制度边界具有相当的模糊性，又赋予了制度本身以较大的张力。制度边界的模糊性以及政府对群体性活动的有限包容，使民众能够利用这一特征为维护自身权益、进行群体行动拓展合理化空间。从另一角度来看，制度塑造逻辑又具有一定的双向性，制度模糊空间的存在不仅有利于为民众集体行为提供有限度的包容，同时也为政府对制度进行自上而下的修正，提供了灵活应对和渐进性调整的空间。这一空间既是维持制度稳定性与创新性的重要手段，又是保障制度权威性、政府政策工具选择具有一定灵活性的关键。

　　政府部门之间的联动是地方政府在进行社会控制过程中所能够依赖的关键性内部力量。当前，群体性事件所涉及的各类行动者的价值取向日益复杂化、多样化，且由群体性事件所产生的影响已经超越了特定的政府部门和特定的政府监管范围，从而具备了较为显著的衍生性和辐射性等特征。这事实上也意味着，仅依托单一的政府部门很难具备解决群体性事件的所有权力和必要资源。鉴于对群体性事件治理中显著的跨部门特性以及单一政府部门可用资源的有限性，政府在社会治理过程中能否对水平方向上各部门资源进行有效整合即变得极为关键。在群体性事件治理中各政府部门能否实现高效联动以及联动的力度和分工合作的能力，一定程度上决定了政府在群体性事件治理中的响应能力、对事件的处理能力以及各类针对性决策方案的落实能力。而各部门在长期合作中达成的利益均衡，则为群体性事件治理中部门合作的展开提供了内在的动力支持。因此，政府各部门之间的联动成为影响政府在政策工具选择中能否占据主动的关键性要素。

　　就影响群体性事件治理中政府政策工具选择的外部压力性要素而言，主要涵盖民众抗议、社会媒体舆论施压、社会组织干预与市场中相关企业干预四个关键影响因素。其中，民众抗议是政府政策工具选择中所面临的外部压力之一。临时聚集型组织是集体行动的主要依托，组织凝聚力和对政府施压能力的大小，不仅在于行动参与者是否具有共同利益、相似的生存处境和强有力的动员能力，同时也受到群体行动中的隐形约束力制约。某类言论被合理化过程中所形成的群体意见的一致性往往会转化为群体压力，即在这一过程中能够生成一种带有一定规制性、共遵性特征的约束力，构成了维系临时聚集型组织的纪律性、防止集体行动被中断的一种隐形约束机制或称为软制度，而在一个共同体中软制度的存在甚至还依赖于某种惩罚，由此促使临时性组织得以维系、施压能力得以发挥。

　　社会媒体在政府政策工具选择中施压能力的发挥，依赖于媒体话语所具备的两种叙事逻辑，即情感选择逻辑与理性选择逻辑，通过对这两类叙事逻辑的应用同时基于媒体在群体行动话题上的"流量"价值，而倾向于为群体行动提供媒介资源并充当传播工具，从而强化其对政府的施压能力。从另一角度来看，信息不仅是关于某事或某人状况的描述问题，同时也是权力与影响力塑造的重要工具。群体行动中的知情人选择隐瞒信息还是借由媒体传播信息，选择部分公开还是完全公开，以及公开的渠道是否畅通、接受者是否能够对信息进行及时捕捉等，均是信息可能被作为工具利用的重要特质。群体行动的参与者对信息的需求也并不止于了解事件本身，而是通过占有或选择性地吸收信息，能够在一定程度上保有并获取权力。信息的非对称性恰恰会维护并强化这种权力等级关系，并巩固权力的封闭性，从而使群体行动朝着动员者或信息掌握者的方向演变。然而，尽管媒体信息本身具有被操纵的可能，但某一信息一旦被群体行动中的普通参与者感知、认同，即便参与者明确了解其所获得的信息并非真实，但同样可能认同这种被操纵，进而助推群体行动规模的扩大化，增强政府在政策工具选择时的施压能力。

社会组织干预是指社会组织站在群体行动者的角度为其提供支持，而对政府施加压力的行为。社会组织能否对政府政策工具选择产生实质性压力，事实上存在一定的争议，在不同的案例选择中所得到的结论可能截然不同。由于社会组织自身在资源补给、人事安排等方面很大程度上受制于政府管理方式的约束，因而，社会组织对政府的监督功能被大大压缩。而在另一层面，尽管社会组织在部分群体行动中不具备激进干预政府决策行为的特质，但也在部分群体性事件中确由象征性的参与转向了实质性的倡议和动员。源于市场层面的相关企业等利益集团的干扰同样是影响政府政策工具选择的一大外部要素。然而，市场中相关企业对政府政策工具选择的干预，其含义不仅在于相关企业采取如游说、寻租等手段试图干预政府政策工具的选择，促使政府在政策工具的选择过程中向其进行倾斜，同时也在于政府在政策工具的选择中基于地区经济发展等因素的考虑，主动维护企业等市场主体的利益，而后者同样能够在事实层面间接地反映相关企业对政府政策工具选择行为的影响。但相关企业的干预这一变量能否在具体的群体性事件中发挥作用，以及向政府施压的强度如何，并不具有普遍性的规律，而需要在特定的案例下进行分析。

另一方面，本书提炼了群体性事件治理中政府政策工具选择的各要素组合作用机制。分别是双向动力平衡机制、内部应援联动机制和外部压力中和机制。

条件组态1表明，在群体性事件治理中如果由民众抗议和社会媒体施以强大的外部压力，政府部门会依托部门联动、政府部门核心领导人注意力优先配置这两个方面的要素，来消解群体性事件中的矛盾冲突。在民众与媒体深度结合的群体性事件中，民众能够借由社会媒体声援所生成的影响力和社会号召力，形成对政府决策部门较为强硬性的意见输入。由此，群体性事件所对应的社会问题被优先纳入地方政府核心领导人的注意力范畴。"领导人重视"这一与我国社会治理特质相吻合的治理手段的积极作用得以发挥。在地方核心领导人的统筹协调下，综合考虑地方政府各部门联合行动所能够产生的社会控制力，进而施以相应的政策工具。由于该条件组态中的政府政策工具的选择，是在政府部门核心领导人的关注、政府部门联动要素构成的内部控制力，与相应的民众抗议、社会媒体舆论施压两种力量平衡中做出，因而将其称为"双向动力平衡机制"。结合该条件组态所对应的案例能够发现，地方政府即使在拥有足够的内部控制能力以应对外部压力的情况下，也并不意味着其必然会选择强制型政策工具，而为了缓和矛盾，会更加倾向于选择渐进型政策工具，从抗议民众所关心的实际问题出发，以修正政策方案、协调利益冲突的方式来解决矛盾冲突。

条件组态2，是以上级政府态度、政府部门联动为核心影响要素，以制度对社会活动的约束、社会媒体舆论施压为辅助条件构成。在这一条件组态中，上级政府对地方政府的指示与地方政府部门间的联动是影响政策工具选择的核心变量，甚至能够在上级权威应援与政府部门联动两个变量的作用下，直接决定选用何种政策工具，因而，我们将该解释路径称为"内部应援联动机制"。这一组态表明，上级政府对某一群体性事件中矛盾症结的重视，加之地方政府部门间的联动生成强大的社会控制力量，从而产生了一种自上而下解决群体冲突的动能。社会媒体舆论施压这一变量在这一组态中辅助作用的发挥，也间接反映出，社会媒体所产生的影响力在一定程度上能够跨越层级边界，直接吸纳上级政府注意力。该条件组态也表明，制度对社会活动的约束变量在强化政府内部控制力层面的积极作用。制度在一定时期内的稳定性与规范性，能够对群体行动产生有力约束，在群体性行动与既有制度规范相背离的情况下，制度能够赋予地方政府进行社会控制的合理性与合法性基础，继而提升其在政策工具选择中的主动性。而在既有制度发生变革的情况下，则会导致制度约束力的变化，甚至约束方向的转换，因而制度对社会活动的约束，构成了地方政府在政策工具选择中所需考量的辅助要素。

条件组态3，是以民众抗议程度为核心要件，以媒体舆论施压与相关企业干预为辅助条件。其中三个条件变量均从属于外部压力范畴，政府的内部控制性要素并未呈现关键性影响。由于在这一解释路径中政府政策工具选择的影响因素主要源于外压，且地方政府在这一过程中主要扮演着居中调停、优化市场环境、规范市场秩序的角色，而非以打压行动者的角色出现，因此，我们将其称为"外部压力中和机制"。该组态的解释逻辑在于，群体行动中的主要参与者通过社会媒体供给的话语空间，实现更大范围的参与者动员并引发网民热议，进而促成民众抗议与社会媒体舆论的深度结合与强烈共振，由此，对政府政策工具的选择形成了强大的外部约束。结合该解释路径下的案例能够发现，此类案例中的行动群体具有显著的分散性、模糊性和覆盖范围广泛性特征，地方政府难以对分散且对象模糊，甚至不属于自己辖区内的行动群体进行有效管制，强制型政策工具难以施为。另外，在该条件组态的对应案例中，民众的抗议对象往往是市场中的某类现象，并非政府，只有在地方政府对事件处理不当或不及时的情况下，才会出现将反对矛头指向地方政府治理能力与治理效率的问题，因而，地方政府对群体行动进行严格管制的内在动力不足。综合看来，在外压较强、群体分散、行动焦点并非直接指向政府的群体性事件中，地方政府更加倾向于选用退让型政策工具，以集中处理焦点问题、积极进行政府回应的方式，来缓和社会矛盾。

二、政府政策工具选择研究的挑战与未来

尽管本书对群体性事件治理中政府政策工具选择的逻辑进行了探索性研究，但在有些问题的分析和论证上仍存在不足：

第一，就案例选择而言，本书所选取的案例均为具有一定舆论影响力的

群体性事件，而诸多社会矛盾的呈现并非均以高影响力的形式呈现。因而本书所提出的解释机制对未受到广泛关注的事件是否仍具解释力，或需从更大范围和更广视野出发，来对本书所得到的解释逻辑进行丰富和检验。

第二，在理论模型层面，本书针对群体性事件治理中政府政策工具选择逻辑所提炼的解释路径并非完整的因果解释机制，而是提供了大概率的因果解释机制。尽管这一安排与群体性事件治理中政府政策工具选择逻辑的研究目的相契合，且与群体行动的复杂性、政策工具选择的多因性密切相关，但群体性事件治理中政策工具选择逻辑的完整因果解释机制，需在注重对优解释力组合路径中的要素互动关系进行分析的同时，对非显著要素可能存在的作用力进行考察，以规避对非显著要素的关注不足而导致的次要矛盾向主要矛盾转化问题。

第三，在研究方法层面，定性比较分析只能给出条件变量与结果变量之间的对应关系，同时需要结合因素和机制，对不同条件组态所呈现的组合路径与其所对应的案例进行深入分析。尽管本书针对三种优解释力条件组态所对应的代表性案例进行了理论与实践互证，但在对典型个案的叙事分析中，最优的解决办法是进行深度的跟踪观测，获取及时的数据信息并进行详细记录，对获得更为准确的研究结论或许具有更大的价值。然而，限于群体性事件的实效性，本书未能以现场视角呈现群体性事件治理中政府政策工具选择的具体思路和决策细节。后续研究中需从获取更为及时的内容信息和备案资料出发，对群体性事件治理中的各类行动者、政府与市场等要素间的动态互动关系进行研究，将有助于充实本书关于政府政策工具选择逻辑的论据。

第四，当前群体性事件中的行动主体事实上出现了一定的阶层分异，地方政府在针对具有不同阶层属性的群体性事件中的政策工具选择逻辑，是否呈现某种差异性，本书尚未进行探索。有研究者认为，群体之间的阶层属性逐渐清晰，不同群体的行动理念与行动策略呈现出较为显著的独立性和阶层性。[①] 更为重要的是，群体性事件治理中行动主体的阶层属性所形成的地位认

---

① 王奎明，韩志明."别闹大"：中产阶层的策略选择：基于"养老院事件"的抗争逻辑分析 [J]. 公共管理学报，2020，17（2）：84-94.

同作为一项主观分层指标，能够直接获取民众真实、具体的感受和价值判断，并且能够在客观社会结构位置与社会选择、行为模式、对政府的施压能力之间架起桥梁。[①] 日趋固化的阶层结构已渗透于各类集体行动之中，使得大部分个体或集体参与行动都受到来自不同阶层利益的驱使，并形成程式化的阶层表达。[②] 因而，后续研究中有必要从阶层视角出发，对异质阶层中政策工具选择逻辑的差异性进行进一步的研究。概言之，群体性事件中政府政策工具选择逻辑涉及层面众多，影响机制较为复杂，仍然需要从其影响因素的多维性与多因性出发进行研究。

[①]　秦广强.社会分层研究：客观与主观的双重维度［J］.理论导刊，2016（9）：35-37.

[②]　闵学勤，李少茜.社群社会视角下的在线基层治理研究［J］.河南社会科学，2017，25（11）：114-118.

参考文献

一、中文文献

（一）专著

［1］安德森.公共政策［M］.唐亮，译.北京：华夏出版社，1990.

［2］奥尔森.集体行动的逻辑［M］.陈郁，等译.上海：上海三联书店，1995.

［3］奥立佛，马维尔.集体行动的动员技术［M］∥莫里斯，谬勒.社会运动理论的前沿领域.刘能，译.北京：北京大学出版社，2002.

［4］巴达赫.跨部门合作：管理"巧匠"理论与实践［M］.张弦，译.北京：北京大学出版社，2011.

［5］柏克.自由与传统［M］.蒋庆，译.北京：商务印书馆，2001.

［6］鲍姆加特纳，琼斯.美国政治中的议程与不稳定性［M］.曹堂哲，文雅，译.北京：北京大学出版社，2011.

［7］彼得斯，冯尼斯潘.公共政策工具：对公共管理工具的评价［M］.顾建光，译.北京：中国人民大学出版社，2007.

［8］边沁.道德与立法原理导论［M］.时殷弘，译.北京：商务印书馆，2000.

［9］布迪厄，华康德.实践与反思：反思社会学导引［M］.李猛，李康，译.北京：中央编译出版社，2002.

［10］陈水生.当代中国公共政策过程中利益集团的行动逻辑［M］.上海：复旦大学出版社，2012.

[11] 陈振明.政策科学［M］.2版.北京：中国人民大学出版社，2004.

[12] 达文波特，贝克.注意力经济［M］.谢波峰，王传宏，陈彬，等译.北京：中信出版社，2004.

[13] 丁山.甲骨文所见氏族及其制度［M］.北京：中华书局.1988.

[14] 冯仕政.西方社会运动理论研究［M］.北京：中国人民大学出版社，2013.

[15] 盖伦.技术时代的人类心灵：工业社会的社会心理问题［M］.何兆武，何冰，译.上海：上海科技教育出版社，2000.

[16] 哈贝马斯.合法化危机［M］.刘北成，曹卫东，译.上海：上海世纪出版社，2005.

[17] 哈贝马斯.交往与社会化［M］.张博树，译.重庆：重庆出版社，1989.

[18] 何增科.公民社会与第三部门［M］.北京：社会科学文献出版社，2000.

[19] 黑尧.现代国家的政策过程［M］赵成根，译.北京：中国青年出版社，2004.

[20] 胡伟.政府过程［M］.杭州：浙江人民出版社，1998.

[21] 吉登斯.社会的构成：结构化理论纲要［M］.李康，李猛，译.北京：生活·读书·新知三联书店，1998.

[22] 杰克曼.不需要暴力的权力［M］.欧阳景根，译.天津：天津人民出版社，2005.

[23] 卡斯特.认同的力量［M］.曹荣湘，译.北京：社会科学文献出版社，2006.

[24] 科恩，艾米克.新有效公共管理者［M］.王巧玲，等译.北京：中国人民大学出版社，2001.

[25] 科尔巴奇.政策［M］.张毅，韩志明，译.长春：吉林人民出版社，

2005.

［26］克罗齐埃，费埃德伯格.行动者与系统［M］.张月，译.上海：上海人民出版社，2007.

［27］拉金.重新设计社会科学研究［M］.杜运周，译.北京：机械工业出版社，2019.

［28］里豪克斯，拉金.QCA设计原理与应用［M］.杜运周，李永发，译.北京：机械工业出版社，2018.

［29］罗尔斯.正义论［M］.何怀宏，何包钢，廖申白，译.北京：中国社会科学出版社，2009.

［30］米尔斯.权力精英［M］.王许荣，译.南京：南京大学出版社，2004.

［31］诺思，瓦利斯，温格斯特.暴力与社会秩序：诠释有文字记载的人类历史的一个概念性框架［M］.杭行，王亮，译.上海：格致出版社，2013.

［32］琼斯.再思民主政治中的决策制定：注意力、选择和公共政策［M］.李丹阳，译.北京：北京大学出版社，2010.

［33］萨瓦斯.民营化与公司部门伙伴关系［M］.周志忍，译.北京：中国人民大学出版社，2002.

［34］塞尔兹尼克.社群主义的说服力［M］.马洪，李清伟，译.上海：上海世纪出版集团，2009.

［35］商鞅.商君书·垦令［M］.石磊，注.北京：中华书局，2009.

［36］塔罗.运动中的力量：社会运动与斗争政治［M］.吴庆宏，译.南京：译林出版社，2005.

［37］泰勒.现代性中的社会想象［M］.李尚远，译.台北：商周出版社，2008.

［38］王绍光，樊鹏.中国式共识型决策："开门"与"磨合"［M］.北京：中国人民大学出版社，2014.

［39］王贤辉.华夏商魂：中国十大商帮［M］.北京：航空工业出版社，2006.

［40］威利格.心理学质性研究导论［M］.郭本禹，王申连，赵玉晶，译.北京：人民邮电出版社，2013.

［41］韦伯.经济与社会：上卷［M］.林荣远，译.北京：商务印书馆，1997.

［42］西蒙.管理行为［M］.詹正茂，译.北京：机械工业出版社，2004.

［43］谢茨施耐德.半主权的人民：一个现实主义者眼中的美国民主［M］.任军锋，译.天津：天津人民出版社，2000.

［44］熊彼特.经济发展理论［M］.何畏，易家祥，译.北京：商务印书馆，1991.

［45］休斯.公共管理导论［M］.张成福，马子博，译.北京：中国人民大学出版社，2001.

［46］杨敏.社会行动的意义效应［M］.北京：中国人民大学出版社，2005.

［47］姚大志.正义与善［M］.北京：人民出版社，2014.

［48］殷.案例研究：设计与方法［M］.周海涛，李永，李虔，译.重庆：重庆大学出版社，2010.

［49］俞可平.社群主义［M］.北京：中国社会科学出版社，1998.

［50］袁珂.中国古代神话［M］.北京：中华书局，1981.

［51］赵鼎新.社会与政治运动讲义［M］.北京：社会科学文献出版社，2012.

［52］赵尔巽.清史稿·志·卷七十五［M］.北京：中华书局，1976.

［53］朱光磊.当代中国政府过程［M］.天津：天津人民出版社，1997.

（二）期刊

［1］边燕杰，缪晓雷．论社会网络虚实转换的双重动力［J］．社会，2019（6）．

［2］曾繁旭，黄广生，李艳红．媒体抗争的阶级化：农民与中产的比较［J］．东南学术，2012（2）．

［3］曾军荣．政策工具选择与我国公共管理社会化［J］．理论探讨，2008（3）．

［4］常亮．消费者参与共享经济的行为归因和干预路径：基于扎根理论的分析框架［J］．贵州社会科学，2017（8）．

［5］陈宝胜．邻避冲突治理的地方政府行为逻辑［J］．中国行政管理，2018（8）．

［6］陈红霞．英美城市邻避危机管理中社会组织的作用及对我国的启示［J］．中国行政管理，2016（2）．

［7］陈敬慈，罗奕媚．《社会保险法》的落实障碍：一个实证研究［J］．中国工人，2014（5）．

［8］成磊，王芳，黄旎雯，等．奋进与焦灼：中产过渡层的向上流动信念及主观社会阶层的影响［J］．中国社会心理学评论，2019（1）．

［9］池毛毛，赵晶，李延晖，等．企业平台双元性的实现构型研究：一项模糊集的定性比较分析［J］．南开管理评论，2017，20（3）．

［10］戴亦一，潘越，冯舒．中国企业的慈善捐赠是一种"政治献金"吗？：来自市委书记更替的证据［J］．经济研究，2014，49（2）．

［11］邓喆，孟庆国．自媒体的议程设置：公共政策形成的新路径［J］．公共管理学报，2016，13（2）．

［12］丁鹏飞，迟考勋，孙大超．管理创新研究中经典探索性研究方法的操作思路：案例研究与扎根理论研究［J］．科技管理研究，2012（17）．

［13］董海军．"作为武器的弱者身份"：农民维权抗争的底层政治［J］．

社会，2008（4）.

　　[14]堵琴囡.新业态劳动者权益保障的政策工具选择研究[J].中国行政管理，2020（9）.

　　[15]杜运周，贾良定.组态视角与定性比较分析（QCA）：管理学研究的一条新道路[J].管理世界，2017（6）.

　　[16]费小冬.扎根理论研究方法论：要素、研究程序和评判标准[J].公共行政评论，2008（3）.

　　[17]冯仕政.沉默的大多数：差序格局与环境抗争[J].中国人民大学学报，2007（1）.

　　[18]高华，王晓洁.基于扎根理论的BT债务风险因素识别研究[J].财会通讯，2017（17）.

　　[19]高勇强，田志龙.中国企业影响政府政策制定的途径分析[J].管理科学，2005（4）.

　　[20]葛天任.中产过渡阶层的矛盾心态及其原因刍议[J].江苏社会科学，2017（2）.

　　[21]顾建光，吴明华.公共政策工具论视角论述[J].科学学研究，2007（1）.

　　[22]顾建光.公共政策工具研究的意义、基础与层面[J].公共管理学报，2006（4）.

　　[23]顾昕.新中国70年医疗政策的大转型：走向行政、市场与社群治理的互补嵌入性[J].中国医疗保险，2019（10）.

　　[24]郭鹏飞，周英男.基于扎根理论的中国城市绿色转型政策评价指标提取及建构研究[J].管理评论，2018（8）.

　　[25]韩蕾.话语符号学视角下的叙事作品结构分析导论[J].中国文学研究，2017（1）.

　　[26]韩娜娜.中国省级政府网上政务服务能力的生成逻辑及模式：基于

31省数据的模糊集定性比较分析［J］.公共行政评论，2019，12（4）.

［27］洪岩璧，赵延东.灾后重建中的资源再分配与健康不平等基于三期汶川地震重建调查［J］.社会，2019，39（6）.

［28］胡宏海.金融创新背景下中国最优货币政策工具选择［J］.经济与管理研究，2015（10）.

［29］黄晓春，周黎安."结对竞赛"：城市基层治理创新的一种新机制［J］.社会，2019（5）.

［30］黄扬，李伟权.网络舆情推动下的网约车规制政策变迁逻辑：基于多源流理论的案例分析［J］.情报杂志，2018，37（8）.

［31］黄振辉.多案例与单案例研究的差异与进路安排：理论探讨与实例分析［J］.管理案例研究与评论，2010（2）.

［32］黄振乾，唐世平.现代化的"入场券"：现代欧洲国家崛起的定性比较分析［J］.政治学研究，2018（6）.

［33］贾旭东.中国城市基层政府公共服务职能的不完全外包及其动因：基于扎根理论的研究发现［J］.管理学报，2011（12）.

［34］景怀斌.扎根理论编码的"理论鸿沟"及"类故理"跨越［J］.武汉大学学报（哲学社会科学版），2017（6）.

［35］黎相宜.精英型与草根型框架借用比较失地农民与知识精英的集体抗争［J］.社会，2009（6）.

［36］李春玲.寻求变革还是安于现状？中产阶级社会政治态度测量［J］.社会，2011，31（2）.

［37］李怀瑞.制度何以失灵？：多重逻辑下的捐献器官分配正义研究［J］.社会学研究，2020，35（1）.

［38］李金龙，王英伟."间断平衡框架"对中国政策过程的解释力研究：以1949年以来户籍政策变迁为例［J］.社会科学研究，2018（1）.

［39］李理.基于扎根理论的网络事件信任传递机制研究：以罗尔事件为

例［J］．全球传媒学刊，2018（1）．

　　［40］李连江，刘明兴．吏绅共谋：中国抗争政治中一只隐蔽的手［J］．二十一世纪，2016（5）．

　　［41］林尚立．民间组织的政治意义：社会建构方式转型与执政逻辑调整［J］．云南行政学院学报，2007（1）．

　　［42］刘明兴，等．中国农村社团的发育、纠纷调解与群体性上访［J］．社会学研究，2010（6）．

　　［43］刘祖云．政府间关系：合作博弈与府际治理［J］．学海，2007（1）．

　　［44］吕程平．"理"的逻辑：认同、交互与抗争：基于A省网民拆迁类留言的分析［J］．管理世界，2015（2）．

　　［45］吕小康．怨气：情感社会学的阐释［J］．社会科学，2017（8）．

　　［46］闵学勤，李少茜．社群社会视角下的在线基层治理研究［J］．河南社会科学，2017（11）．

　　［47］闵学勤．行动者的逻辑：公众参与的阶层化与结构化研究［J］．江苏社会科学，2013（4）．

　　［48］倪春纳．"金主政治"是如何形成的：美国竞选资金改革的历史［J］．马克思主义研究，2016（10）．

　　［49］倪春纳．美国政治献金中的"暗钱"及其影响［J］．南京政治学院学报，2017（6）．

　　［50］倪星，王锐．从邀功到避责：基层政府官员行为变化研究［J］．政治学研究，2017（2）．

　　［51］庞明礼．领导高度重视：一种科层运作的注意力分配方式［J］．中国行政管理，2019（4）．

　　［52］彭小兵，黎文清．社区社会组织何以被行政吸纳：基于结构功能主义的再解释［J］．地方治理研究，2020（4）．

　　［53］彭小兵，涂君如．中国式财政分权与环境污染：环境群体性事件的

经济根源［J］. 重庆大学学报（社会科学版），2016，22（6）.

［54］彭小兵. 环境群体性事件的治理：借力社会组织"诉求—承接"的视角［J］. 社会科学家，2016（4）.

［55］彭云，韩鑫，顾昕. 社会扶贫中多方协作的互动式治理：一个乡村创客项目的案例研究［J］. 河北学刊，2019（3）.

［56］秦广强. 社会分层研究：客观与主观的双重维度［J］. 理论导刊，2016（9）.

［57］任其亮，赵子玉. 基于扎根理论的网络约车服务质量影响因素研究［J］. 重庆交通大学学报（自然科学版），2018（11）.

［58］任溶. 美国的利益集团与公共政策的制定［J］. 党政论坛，2004（7）.

［59］沈俊鑫，李爽，张经阳. 大数据产业发展能力影响因素研究：基于fsQCA方法［J］. 科技管理研究，2019，39（7）.

［60］石培培. 国会、总统、政府和游说公司［J］. 世界社会主义研究，2017，2（7）.

［61］孙柏瑛. 城市社区居委会"去行政化"何以可能？［J］. 南京社会科学，2016（7）.

［62］孙立平. 利益关系形成与社会结构变迁［J］. 社会，2008（3）.

［63］谭爽. 草根NGO如何成为政策企业家？：垃圾治理场域中的历时观察［J］. 公共管理学报2019（2）.

［64］唐庆鹏，钱再见. 公共危机治理中的政策工具：型构、选择及应用［J］. 中国行政管理，2013（5）.

［65］唐贤兴. 政策工具的选择与政府的社会动员能力：对"运动式治理"的一个解释［J］. 学习与探索，2009（3）.

［66］唐远清，郄兴丽. 论信息公开对网络流言的消解［J］. 现代传播（中国传媒大学学报）.2012（11）.

［67］田国强，陈旭东. 制度的本质、变迁与选择：赫维茨制度经济思想

诠释及其现实意义［J］. 学术月刊，2018（1）.

［68］田国强、陈旭东. 制度的本质、变迁与选择：赫维茨制度经济思想诠释及其现实意义［J］. 学术月刊，2018（1）.

［69］田利辉，王可第. 打破"政商旋转门"如何影响股价崩盘风险：基于中组部18号文的准自然实验［J］. 当代财经，2019（4）.

［70］田志龙，等. 中国情境下的政商关系管理：文献评述、研究框架与未来研究方向［J］. 管理学报，2020，17（10）.

［71］汪建华，石文博. 争夺的地带：劳工团结、制度空间与代工厂企业工会转型［J］. 青年研究，2014（1）.

［72］汪建华. 实用主义团结：基于珠三角新工人集体行动案例的分析［J］. 社会学研究，2013，28（1）.

［73］汪建华. 新工人的生活与抗争政治：基于珠三角集体抗争案例的分析［J］. 清华社会学评论，2013（1）.

［74］王浩斌，黄美笛. 论哈贝马斯的真理共识之思：基于情感视角的分析［J］. 山东社会科学，2020（7）.

［75］王红梅，王振杰. 环境治理政策工具比较和选择：以北京PM2.5治理为例［J］. 中国行政管理，2016（8）.

［76］王辉. 政策工具选择与运用的逻辑研究：以四川Z乡农村公共产品供给为例［J］. 公共管理学报，2014，11（3）.

［77］王军洋. "法""力"和"理"：当下抗争剧目研究的主要路径评析［J］. 湖北社会科学，2015（8）.

［78］王奎明，韩志明. "别闹大"：中产阶层的策略选择：基于"养老院事件"的抗争逻辑分析［J］. 公共管理学报，2020，17（2）.

［79］王洛忠，李奕璇. 媒介融合背景下的政策变迁及其多源流分析：以"独生子女"到"全面二孩"的政策变迁为例［J］. 南京大学学报（哲学·人文科学·社会科学），2018，55（5）.

［80］王绍光.中国公共政策议程设置的模式［J］.中国社会科学，2006（5）.

［81］王英伟.媒体话语对政策过程影响机制的叙事式框架分析：以城市专车监管政策为例［J］.公共管理与政策评论，2019，8（4）.

［82］王英伟.权威应援、资源整合与外压中和：邻避抗争治理中政策工具的选择逻辑：基于（fsQCA）模糊集定性比较分析［J］.公共管理学报，2020（2）.

［83］王英伟.医闹行为的归因模型构建及干预路径选择：基于扎根理论的多案例研究［J］.公共行政评论，2018，11（6）.

［84］王英伟.政府注意力差异化配置对公共政策样态的塑造：以中国生育政策为例［J］.吉首大学学报（社会科学版），2019（4）.

［85］王永生.论美国利益集团发展对我国的启示［J］.学术界，2008（2）.

［86］王玉良.猜忌型公共冲突：内涵、诱因及其化解：基于一个典型样本的现实剖析［J］.社会主义研究，2016（5）.

［87］谢金林.情感与网络抗争动员：基于湖北"石首事件"的个案分析［J］.公共管理学报，2012，9（1）.

［88］谢颖，林芬.抗争性政治中的群体差异与资源借用：中产抗争与农民抗争的个案比较［J］.社会学评论，2016，4（1）.

［89］严玲，邓娇娇，吴绍艳.临时性组织中关系治理机制核心要素的本土化研究［J］.管理学报，2014（6）.

［90］杨立华，陈一帆，周志忍."公共均衡与非均衡"冲突新理论［J］.中国社会科学，2019（11）.

［91］姚文放.生产性文学批评的解构性生成与后现代转折：罗兰·巴特批评理论的一条伏脉［J］.文学评论，2018（2）.

［92］衣华亮，姚露露，徐西光.转型期教育政策执行偏离探析：政策工具的视角［J］.江苏高教，2015（3）.

［93］尹贻梅，刘志高，刘卫东.路径依赖理论及其地方经济发展隐喻［J］.地理研究，2012（5）.

［94］郁建兴，黄飚.当代中国地方政府创新的新进展兼论纵向政府间关系的重构［J］.政治学研究，2017（5）.

［95］郁建兴，黄飚.地方政府在社会抗争事件中的"摆平"策略［J］.政治学研究，2016（2）.

［96］袁树卓，等.精准扶贫中贫困的瞄准偏离研究：基于扎根理论的内蒙古Z县建档立卡案例［J］.公共管理学报，2018（4）.

［97］岳璐.群体性事件中网络民意的表达与互动机制研究［J］.求索，2012（10）.

［98］臧雷振，劳昕，孟天广.互联网使用与政治行为：研究观点、分析路径及中国实证［J］.政治学研究.2013（2）.

［99］张康之，李东.论任务型组织的资源获取能力［J］.公共管理学报，2008（1）.

［100］张康之，李圣鑫.论任务型组织的解散及其动力［J］.湘潭大学学报（哲学社会科学版），2008（2）.

［101］张明，杜运周.组织与管理研究中QCA方法的应用：定位、策略和方向［J］.管理学报，2019，16（9）.

［102］张体委.资源、权力与政策网络结构：权力视角下的理论阐释［J］.公共管理与政策评论，2019，8（1）.

［103］赵鼎新.西方社会运动与革命理论发展之述评：站在中国的角度思考［J］.社会学研究，2005（1）.

［104］郑庆杰.解释的断桥：从编码到理论［J］.社会发展研究，2015（1）.

［105］郑旭涛.邻避事件的性质与演变机制：基于近十年典型案例的研究［J］.天津行政学院学报，2018（3）.

［106］周谨平.基于机会平等的分配正义［J］.伦理学研究，2011（2）.

［107］周黎安.中国地方官员的晋升锦标赛模式研究［J］.经济研究，2007（7）.

［108］周力敏.影响政策工具选择的变量与考量［J］.云南行政学院学报，2019，21（6）.

［109］周晓虹.转型时代的社会心态与中国体验：兼与《社会心态：转型社会的社会心理研究》一文商榷［J］.社会学研究，2014，29（4）.

［110］朱志玲.结构、怨恨和话语：无直接利益冲突的宏观条件形成机制研究：基于斯梅尔塞加值理论的思考［J］.中南大学学报（社会科学版），2013，19（3）.

［111］卓越，郑逸芳.政府工具识别分类新捋［J］.中国行政管理，2020（2）.

二、英文文献

（一）专著

［1］AKERLOF G A. The Market for "Lemons"：Quality Uncertainty and the Market Mechanism［M］// Uncertainty in Economics. Pittsburgh：Academic Press，1978.

［2］AXELROD R M. The Evolution of Cooperation［M］. New York：Basic Books Press，1984.

［3］BAGCHUS RPETERS B G，VAN NISPEN F K M. The Trade-off Between Appropriateness and Fit of Policy Instruments［M］. Cheltenham：Edward Elgar，1998.

［4］BATES R H. Markers and States in Tropical Africa：The Political Basis of Agricultural Policies［M］. Berkeley：University of California Press，1981.

［5］BLUMER H. Elementary Collective Behavior.［M］// LEEA M. New Outline of the Principles of Sociology. New York：Banes & Noble，1946.

［6］BRUCE D G. The Peripheral Nature of Scientific and Technological Controversy in Federal Policy Formation ［M］. Ottawa: Science Council of Canada, 1981.

［7］BRUNER J, LUCARIELLO J. Monologue Asnarative of the World ［M］// NELSON K .Naratives from the Crib.Cambridge, MA: Harvard University Press, 1989.

［8］DUBNICK M J, FREDERICKSON H G. Accountable Governance: Problems and Promises, London: M.E. Sharpe, 2011.

［9］ELIADIS P, HILL M M, HOWLETT M. Designing Government: From Instruments to Governance ［M］. Montreal: McGill–Queen's University Press, 2004.

［10］GEORGE J S. The Citizen and the State: Essays on Regulation ［M］. Chicago: University of Chicago Press, 1975.

［11］GLASER B G. Theoretical Sensitivity ［M］. Mill Valley: The Sociology Press, 1978.

［12］GLASER B, STRAUSS A. The Discovery of Grounded Theory: Strategies for Qualitative Research ［M］. Chicago: Aldine Publishing Company, 1967.

［13］HARRY T, REIS C M. Handbook of Research Methods in Social and Personality Psychology ［M］. New York: Cambridge University Press, 2000.

［14］HERBERT A S. Administrative Behavior: A Study of Decision Making Processes in Administrative Organizations（4ed）. ［M］. New York: Macmillan, 1947.

［15］HOOD C C. The Blame Game: Spin, Bureaucracy and Self–Preservation in Government ［M］. New Jersey: Princeton University Press, 2010.

［16］HOOD C C. The Tools of Government ［M］. Chatham: Chatham House, 1986.

[17] HOOD C C. The Tools of Government [M]. London: Macmillan, 1983.

[18] HOOD C. Risk and Government: The Architectonics of Blame-Avoidance [M]. New York: Cambridge University Press, 2011.

[19] SCHANK R C, ABELSON R P. Knowledge and Memory: The Real Story. [M] //WYER R S. Knowledge and Memory: The Real Story. Mahwah: Lawrence Erlbaum Associates, 1995: 19-20.

[20] JAMES M B. Rent Seeking and Profit Seeking [M] // JAMES M B, ROBERT D T, GORDON T. Toward a Theory of the Rent-Seeking Society.College Station: Texas A&M University Press, 1980.

[21] JONES B D, FRANK R B. The Politics of Attention: How Government Prioritizes Problems [M]. Chicago: University of Chicago Press, 2005.

[22] LITTLE D. Varieties of Social Explanation [M]. Boulder: Westview Press, 1991.

[23] MACLNTYRE A. A Short History of Ethics [M]. London: Routledge, 1967.

[24] MACLNTYRE A. Whose Justice ? Which Rationality ? [M]. London: Duckworth, 1988.

[25] MARCH J G, JOLSEN J P. Rediscovering Institutions: The Organizational Basis of Politics [M]. New York: Free Press, 1989.

[26] MARTIN R L. Institutional Approaches in Economic Geography [M] // SHEPPARD E, BARNES T J. A Companion to Economic Geography. Oxford: Blackwell, 2000.

[27] MILL J S. On Liberty in Three Essays [M]. Oxford: Oxford University Press, 1975.

[28] NANG L P, NGAI P. The Radicalisation of the New Chinese Working

Class: A Case Study of Collective Action in the Gemstone Industry [M]. Oxford: Third World Quarterly, 2009.

[29] NICOLAS B M. Policy Implementation and the Role of the State: A Revised Approach to the Study of Policy in Struments [M] // ROBERT J J, DOREEN J, NICOLAS B M. Contemporary Canadian Politics: Readings and Notes. Scarborough: Prentice-Hall, 1987.

[30] NORTH D C. Institutional Change and Economic Performance [M]. Cambridge: Cambridge University Press, 1990.

[31] PAUL A S, HANK C J. The Advocacy Coalition Framework: An Assessment [M] // PAUL A S. Theories of the Policy Process. Boulder, CO: Westview Press, 1999.

[32] PAUL A S. The Advocacy Coalition Framework : Innovations and Clarifications [M] // PAUL A S. Theories of the Policy Process. Boulder, CO: Westview Press, 2007.

[33] RAGIN C C, FISS P C. Redesigning Social Inquiry: Fuzzy Set and Beyond[M]. Chicago: University of Chicago Press, 2008.

[34] ROBINSON S E. Punctuated Equilibrium Models in Organizational Decision Making [M] // Handbook of Decision Making. New York: CRC Taylor and Francis, 2007.

[35] SALAMON L S. Beyond Privatization: The Tools of Government Action [M]. Washington, D.C.: Urban Institute, 1989.

[36] SCOTT J. The Weapons of the Weak: Everyday Forms of Peasant Resistance[M]. New Haven: Yale University Press, 1985.

[37] SHIFFRIN R M, DUMNIS S T. The Development of Automatism [M] // ANDERSON J. Cognitive Skills and Their Acquisition. Hillsdale, NJ: Erlbaum, 1981.

［38］SIMON H A. Administrative Behavior: A Study of Decision Making Processes in Administrative Organizations［M］. New York: Macmillan, 1947.

［39］SMELSER N J. Theory of Collective Behavior［M］. New York: Free Press, 1962.

［40］STEPHEN B. Regulation and Its Reform［M］. Cambridge: Harvard University Press, 1982.

［41］STRAUSSA, GLASERB. Awareness of Dying［M］. Chicago: Aldine Publishing Company, 1965.

［42］TILLY C. Stories, Identities and Political Change［M］. MD: Rowman and Littlefield, 2002.

［43］UTTON M A. The Economics of Regulating Industry［M］. Oxford: Basil Blackwell, 1986.

［44］WALKERC, BAXTER J, OUELLETTED. Adding Insult to Injury: The Development of Psychosocial Stress in Ontario Wind Turbine Communities［M］. Social Science & Medicine, 2015.

［45］XI C. Social Protest and Contentious Authoritarianism in China［M］. New York: Cambridge University Press, 2011.

（二）期刊

［1］AMIRA E S, PATRICIA C M, MIREIA J B. Accreditation as a Quality-Improving Policy Tool: Family Planning, Maternal Health, and Child Health in Egypt［J］. The European Journal of Health Economics, 2021, 22（1）.

［2］ANNAS J. MacIntyre on Traditions［J］. Philosophy and Public Affairs, 1989（4）.

［3］BAUTISTA J. The complex link of city reputation and city performance. Results for fsQCA analysis［J］. Journal of Business Research, 2016（69）.

［4］BEBBINGTON T, FARRINGTON J. Governments NGOs and Agricultural

Development：Perspectives on Changing Interorganizational Relationships［J］. Journal of Devel- opment Studies，1993（2）.

［5］CHARLES W J. Markets and Non-Market Failures：Comparison and Assessment［J］. Journal of Public policy 1987（7）.

［6］CHEN S，CHRISTENSEN T，MA L. Competing for Fathers love ？ The Politics of Central Government Agency Termination in China［J］. Governance，2019（4）.

［7］CHAN C K C，PUN N. The Making of a New Working Class ？ A Study of Collective Action of Migrant Workers in South China［J］. The China Quarterly，2009（198）.

［8］COLE N S. Pursuing the President：White House Access and Organized interests［J］. The Social Science Journal，2000，37（2）.

［9］DEBRUNNER G，HARTMANN T. Strategic use of land policy instruments for affordable housing-Coping with social challenges under scarce land conditions in Swiss cities［J］. Land Use Policy，2020.

［10］DAVID H. Essays：Moral，Political，and Literary［J］. Indianapolis：Liberty Fund Inc，1992.

［11］DRAGA N. Exploring Eco-label Industry Actors' Perceptions on the Capabilities of a Forthcoming Multiple Project Management Software：An fsQCA［J］. Journal of Business Research，2019（4）.

［12］EISINGER P K. The Conditions of Protest Behavior in American Cities［J］. American Political Science Review，1973（67）.

［13］FRANCIS M B. The Anatomy of Market Failure［J］. Quarterly Journal of Economics，1985，73（3）：351-379.

［14］GERSICK C J G. Revolutionary Change Theories：A Multilevel Exploration of the Punctuated Equilibrium paradigm［J］. Academy of Management

Review, 1991（1）.

［15］GOULD R V. Multiple Networks and Mobilization in the Paris Commune［J］. American Sociology Review, 1991（56）.

［16］GALSTON W. Community, Democracy, Philosophy: The Political Thought of Michael Walzer［J］. Political Theory, 1989（2）.

［17］GIGER N, NELSON M. The Electoral Consequences of Welfare State Retrenchment: Blame Avoidance or Credit Claiming in the Era of Permanent Austerity？［J］. European Journal of Political Research, 2011（1）.

［18］HOOD C C. The Risk Game and the Blame Game［J］. Government and Opposition, 2002, 37（1）.

［19］HOOD C C, JENNINGS W, COPELAND P. Blame avoidance in comparative perspective: reactivity, staged retreat and efficacy［J］. Public Administration, 2016（2）.

［20］HUANG C, YANG C, SU J. Identifying core policy instruments based on structural holes: A case study of China' s nuclear energy policy［J］. Journal of Informetrics, 2021, 15（2）.

［21］HERNANDEZ D. Understanding "Energy Insecurity" and Why It Matters to Health［J］. Social Science & Medicine, 2016, 167.

［22］JOSHI B V, VIPIN B, RAMKUMAR J, et al. Impact of policy instruments on lead-acid battery recycling: A system dynamics approach［J］. Resources, Conservation & Recycling, 2021, 169.

［23］KENNETH W. Policy Instruments and the Study of Public Policy［J］. Canadian Journal of Political Science, 1986（4）.

［24］KAYA B, et al. Antecedents of innovative performance: Findings from PLS-SEM and fuzzy sets（fsQCA）［J］. Journal of Business Research, 2020, 114.

［25］LEE C K. Engendering the Worlds of Labor: Women Workers, Labor Markets, and Production Politics in the South China Economic Miracle［J］. American Sociological Review, 1995, 60（3）.

［26］MICHAEL M A. Selecting Policy Instruments: Neo-Institutional and Rational Choice Interpretations of Automobile Insurance in Ontario［J］. Canadian Journal of Political Science, 1989（1）.

［27］MUHAMMAD W A, PENG Y L, ADNAN M, et al. The nexus of sectoral-based CO_2 emissions and fiscal policy instruments in the light of Belt and Road Initiative［J］. Environmental Science and Pollution Research, 2021, 28（25）.

［28］MOM T J M, VANDENBOSCH F A J, VOLBERDA H W. Understanding Variation in Managers Ambidexterity: Investigating Direct and Interaction Effects of Formal Structural and Personal Coordination Mechanisms［J］. Organization Science, 2009（4）.

［29］OCASIO W. Towards an Attention-based View of the Firm［J］. Strategic Management Journal, 1997, 18（7）.

［30］POPP T R, FEINDT P H, DAEDLOW K. Policy feedback and lock-in effects of new agricultural policy instruments: A qualitative comparative analysis of support for financial risk management tools in OECD countries［J］. Land Use Policy, 2021.

［31］RICHARD A P. Theories of Economic Regulation［J］. Bell Journal of Economics and Management Science, 1974（5）.

［32］ROZIN P, ROYZMAN E B. Negativity Bias, Negativity Dominanceand Contagion［J］. Personality and Social Psychology Review, 2001（4）.

［33］ROSE R, DAVIES W. Policy Interitance in Public Policy: Change without Choice in Great Britain［J］. American Political Science Review, 1994（11）.

［34］SWIDLER A. Culture in Action: Symbols and Strategies［J］. American

Sociological Review, 2001（51）.

［35］LINDER S H, PETERS B G. Instruments of Government: Perceptions and Contexts［J］. Journal of Public Policy, 1989（1）.

［36］STEPHEN B. Analyzing Regulatory Failure: Mismatches, Less Restrictive Alternatives, and Reform［J］. Havard Law Review, 1979（93）.

［37］SIMON P. From Organisational Theory to the New Communitarianism of Amitai Etzioni［J］. Canadian Journal of Sociology, 2002（1）.

［38］SMITH M R, GREALISH L, HENDERSON S. Shaping a Valued Learning Journey: Student Satisfaction with Learning in Undergraduate Nursing Programs, a Grounded Theory Study［J］. Nurse Education Today, 2018（64）.

［39］SAMUEL W, JONES B D, JOCHIM A E. Information Processing and Policy Dynamics［J］. Policy Studies Journal, 2009, 37（1）.

［40］TABER C S, LODGE M. The Illusion of Choice in Democratic Politics: The Unconscious Impact of Motivated Political Reasoning［J］. Political Psychology, 2016（S1）.

［41］TYLLSTROM A, ABRAHAMSON E, BARLEY S R, et al. More Than a Revolving Door: Corporate Lobbying and the Socialization of Institutional Carriers ［J］. Organization Studies, 2021, 42（4）.

［42］VOGEL D. The Study of Business and Politics［J］. California Management Review, 1996（338）.

［43］WOODSIDE A G. Advancing Means–End Chains by Incorporating Heider's Balance Theory and Fournier's Consumer–Brand Relationship Typology ［J］. Psychology and Marketing, 2004（4）.

［44］WEAVER R K. The Politics of Blame Avoidance［J］. Journal of Public Policy, 1986（4）.

［45］WANG Y W, MICHAEL L, DAVID A S. A Border Strategy Analysis of Ad Source and Message Tone in Senatorial Campaigns [J]. Marketing Science, 2018, 37 (3).

[46] XU P, XU X, SU J. The Legitimacy Acquisition Mechanism of First-Moving Enterprise under the Background of Industrial Change—A Case Study of State Grid Corporation of China Based on Grounded Theory [J]. Economic Management, 2017(11).

后 记

云谷禅师曾说，人的一生八种恩情，此生莫忘。天地呵护之恩、父母养育之恩、兄弟手足之恩、良师培养之恩、夫妻体贴之恩、知己相知之恩、贵人提携之恩、宽容救急之恩。幸运的是在我的求学生涯中，真切地感受到了这种种恩情是多么珍贵。记得刚上大学军训时的一个夜晚，全班同学伴着萤火虫的微光与教官一起唱了一首《十年》。那时的我沉浸在它美妙的旋律中，而未曾体会他那歌词与曲调中所隐藏的故事与酒。现在耳畔再次响起这首歌，竟然不自觉地落泪。蓦然回首，那个瞬间竟是我梦开始的地方。过去的十年是我艰辛而迷茫的十年，也是我人生中美妙而幸福的十年。一路走来，阳光与风雨交错，彷徨与欣喜相伴。幸得一路贵人相助，我的梦开始照进现实。

感谢我的博士生导师李春成教授。犹记得我在进入师门之前第一次接到李老师的电话，他在电话中传递的对我的关切和期待，让我感受到浓浓的暖意，接电话前的忐忑心情瞬间烟消云散。进入师门后，李老师自如、自然的处事风格，严谨深邃的学术思想，散发的大师魅力，让我深深折服。特别是在我陷入困境时，李老师的及时救场，巧妙地将问题化解于无形，更是让我钦佩之至。我的博士论文创作也饱含了李老师的心血。我的博士论文选题历经三次大的改动，在每次改动中，李老师都给了我许许多多中肯的意见和建议。一教旁的石凳、文科楼去往南苑食堂的柏油路、学院办公室等地方，都留下了李老师指导我的身影。李老师在育人方式上亦张亦弛、收放自如。他在提点我的同时，又给我以自主选择的空间。他对教育尺度的把握，是他的智慧所在。李老师不仅是我的恩师，更是我此后工作生涯中永远的榜样。

感谢我的硕士生导师李金龙教授。李金龙教授对我有知遇之恩，当时还在湘潭读书的我对学术、科研还是一片茫然，知识体系也不健全。李老师慨然收我为徒，对我进行悉心的指导和栽培。在他的引导、激励下，我在研究生期间如饥似渴地阅读、提升专业素养，同时不断地"磨笔"、提升写作能力。仍记得我的第一篇文章，李老师反反复复指导不下11次，他在我身上倾注的心血，我铭记于心、感恩于心。在我读博期间，李金龙教授仍时时关注着我的发展，在我迷茫和困惑时，给我以思维上的指导和精神上的鼓励。李老师在我的心中种下了学术的种子，唯愿它生根发芽、茁壮成长。他对我的殷殷期待，仿佛阳光雨露，让我觉得弥足珍贵而倍加珍惜。

感谢国务学院公共行政系的竺乾威教授、唐亚林教授、李瑞昌教授、顾丽梅教授、唐莉教授。他们在我的博士论文开题、论文的写作和预答辩的过程中提出了诸多具有建设性的意见和建议，给了我很大的启发。感谢陈水生教授、苏长河教授、熊易寒教授、陈玉聃副教授、赵剑治副教授、张平副教授。他们的课堂或讲座让我受益匪浅。感谢祁怀高教授、臧志军教授。2019年7月参加的由祁老师和臧老师带队的云南德宏调研活动让我受益良多，同时在调研活动中也结识了优秀的博士生吴纪远，硕士生邓农思宇，本科生徐雪、王春燕、梁雨欣等人。调研结束后，我们协力完成了《德宏面向2020践行精准扶贫的做法和经验报告》。这一调研活动让我更加深切地理解了基层在扶贫、减贫中的实际状况，了解了更多理论之外的知识，给我此后的理论研究带来了很大的启发。也要感谢哥伦比亚大学William Eimicke教授。在我申请哥伦比亚联合培养时，Eimicke教授欣然接受我的申请，并帮助我处理申请过程中的相关事宜。在与Eimicke教授的日常邮件往来中，我被他严谨、高效的学术态度与能力所折服。尽管受新冠疫情影响，哥大之学未能成行，但仍非常感谢他为此付出的辛劳。

感谢我的博士同窗好友陈醉、潘虹、戚云龙、侯冠华、廖福崇、王小芳等人，他们与我在科研道路上并肩战斗和相互鼓励，共同度过了紧张而充实的博士时光。感谢我的师兄魏诗强，师姐张慧娟、李倩，师弟李尧磊、张晓辉，师妹刘佳旎。慧娟师姐在我初来复旦面试时，便是我的"引路人"，第一次从现场视角带我认识和了解了复旦。在读博期间，她不遗余力地帮助我联系外导、申请哥伦比亚大学联合培养资格。慧娟师姐在日常生活中也给予了我无私的关照，特别是在我科研陷入困境时，她给予了我鼓励和支持，她仿佛是一道微光，给了我希望、指引了我的学术之路。感谢李倩师姐在研究方法上给予我无私的帮助。还记得在复旦东门附近大学路旁的一个台阶上，李倩师姐为我倾囊讲授研究方法，当时大学路上人来人往、嘈杂喧嚣，然而我们都完全沉浸在讲与学的状态中。师姐毫无保留的知识分享让我非常感动。

感谢我的硕士同学杨洁、梁桥丽、陈芳、香塔拉、苏美全、武俊伟、乔建伟、董宴廷等人。我的硕士同门、武汉大学博士杨洁为人真诚大方，乐于分享，善于表达，在与她的学术交流中，总能够碰撞出思维的火花。在读硕士期间，她给我推荐了萨巴蒂尔的《政策过程理论》，这本书给了我极大的启发。后来发现，她推荐的这本书竟是让我明确自己的研究方向、开启我公共政策研究之旅的"启蒙"著作。中国人民大学的武俊伟博士是我的硕士师兄。他严谨踏实的品格、对学术的热爱和执着，为当时刚刚进入研究生学习生涯的我树立了一个同龄人标杆。

感谢我远在山西老家的父母，他们含辛茹苦把我养大，坚定地支持我读书。他们为我提供了无忧的后盾力量。然而，多年的外地求学未能陪伴父母左右。2021辛丑年过年时节、那个万家团圆的时刻，我未能回家与父母团聚，至今想来仍然非常惭愧。2021年春节那段时间，我的博士论文进入了一个非常艰难的时刻，为了给自己的博士论文写作创造一个安静的环境，我没有选择回家过年，而是在上海完成了博士论文的主体工作。后来从姐姐口中得知，我留沪过年的那个春节，父母是多么的心酸。我对父母的感恩之情无以言表，唯愿今后加倍努力、与时间赛跑，以报答他们恩情之万一。

2021年6月8日

于武陵源山中人家